ODES MODERNAS

Antero de Quental

TEXTO INTEGRAL

Esta edição segue a segunda edição da
Livraria Internacional de Ernesto Chardron,
Porto, 1875.

EDITORA AFILIADA

COLEÇÃO A OBRA-PRIMA DE CADA AUTOR

ODES MODERNAS

Antero de Quental

TEXTO INTEGRAL

MARTIN CLARET

CRÉDITOS

© *Copyright* desta edição: Editora Martin Claret, 2008
Ano da primeira publicação: 1865

IDEALIZAÇÃO E COORDENAÇÃO
Martin Claret

ASSISTENTE EDITORIAL
Rosana Gilioli Citino

CAPA
Ilustração
Marcellin Talbot

MIOLO
Revisão
Durval Cordas

Projeto Gráfico
José Duarte T. de Castro

Direção de Arte
José Duarte T. de Castro

Digitação
Graziella Gatti Leonardo

Editoração Eletrônica
Editora Martin Claret

Fotolitos da Capa
OESP

Papel
Off-Set, 70g/m²

Impressão e Acabamento
Paulus Gráfica

Editora Martin Claret Ltda. – Rua Alegrete, 62 – Bairro Sumaré
CEP: 01254-010 – São Paulo – SP
Tel.: (0xx11) 3672-8144 – Fax: (0xx11) 3673-7146
www.martinclaret.com.br / editorial@martinclaret.com.br
Agradecemos a todos os nossos amigos e colaboradores — pessoas físicas e jurídicas — que deram as condições para que fosse possível a publicação deste livro.

Impresso em 2008.

PALAVRAS DO EDITOR

A história do livro e a coleção "A Obra-Prima de Cada Autor"

MARTIN CLARET

Que é o livro? Para fins estatísticos, na década de 1960, a UNESCO considerou o livro "uma publicação impressa, não periódica, que consta de no mínimo 56 páginas, sem contar as capas".

O livro é um produto industrial.

Mas também é mais do que um simples produto. O primeiro conceito que deveríamos reter é o de que o livro como objeto é o veículo, o suporte de uma informação. O livro é uma das mais revolucionárias invenções do homem.

A *Enciclopédia Abril* (1972), publicada pelo editor e empresário Victor Civita, no verbete "livro" traz concisas e importantes informações sobre a história do livro. A seguir, transcrevemos alguns tópicos desse estudo didático sobre o livro.

O livro na Antiguidade

Antes mesmo que o homem pensasse em utilizar determinados materiais para escrever (como, por exemplo, fibras vegetais e tecidos), as bibliotecas da Antiguidade estavam repletas de textos gravados em tabuinhas de barro cozido. Eram os primeiros "livros", depois progressivamente modificados até chegarem a ser feitos — em grandes tiragens — em papel impresso mecanicamente, proporcionando facilidade de leitura e transporte. Com eles, tornou-se possível, em todas as épocas, transmitir fatos, acontecimentos históricos, descobertas, tratados, códigos ou apenas entretenimento.

Como sua fabricação, a função do livro sofreu enormes modificações dentro das mais diversas sociedades, a ponto de constituir uma mercadoria especial, com técnica, intenção e utilização determinadas. No moderno movimento editorial das chamadas sociedades de consumo, o livro pode ser considerado uma mercadoria cultural, com maior ou menor significado no contexto socioeconômico em que é publicado. Enquanto mercadoria, pode ser comprado, vendido ou trocado. Isso não ocorre, porém, com sua função intrínseca, insubstituível: pode-se dizer que o livro é essencialmente um instrumento cultural de difusão de idéias, transmissão de conceitos, documentação (inclusive fotográfica e iconográfica), entretenimento ou ainda de condensação e acumulação do conhecimento. A palavra escrita venceu o tempo, e o livro conquistou o espaço. Teoricamente, toda a humanidade pode ser atingida por textos que difundem idéias que vão de Sócrates e Horácio a Sartre e McLuhan, de Adolf Hitler a Karl Marx.

Espelho da sociedade

A história do livro confunde-se, em muitos aspectos, com a história da humanidade. Sempre que escolhem frases e temas, e transmitem idéias e conceitos, os escritores estão elegendo o que consideram significativo no momento histórico e cultural que vivem. E, assim, fornecem dados para a análise de sua sociedade. O conteúdo de um livro — aceito, discutido ou refutado socialmente — integra a estrutura intelectual dos grupos sociais.

Nos primeiros tempos, o escritor geralmente vivia em contato direto com seu público, que era formado por uns poucos letrados, já cientes das opiniões, idéias, imaginação e teses do autor, pela própria convivência que tinham com ele. Muitas vezes, mesmo antes de ser redigido o texto, as idéias nele contidas já haviam sido intensamente discutidas pelo escritor e parte de seus leitores. Nessa época, como em várias outras, não se pensava na enorme porcentagem de analfabetos. Até o século XV, o livro servia exclusivamente a uma pequena minoria de sábios e estudiosos que constituíam os círculos intelectuais (confinados aos mosteiros durante o começo da Idade Média) e que tinham acesso às bibliotecas, cheias de manuscritos ricamente ilustrados.

Com o reflorescimento comercial europeu, nos fins do século XIV, burgueses e comerciantes passaram a integrar o mercado livreiro da época. A erudição laicizou-se e o número de escritores aumentou, surgindo também as primeiras obras escritas em línguas que não o latim e o grego (reservadas aos textos clássicos e aos assuntos considerados dignos de atenção). Nos séculos XVI e XVII, surgiram diversas literaturas nacionais, demonstrando, além do florescimento intelectual da época, que a população letrada dos países europeus estava mais capacitada a adquirir obras escritas.

Cultura e comércio

Com o desenvolvimento do sistema de impressão de Gutenberg, a Europa conseguiu dinamizar a fabricação de livros, imprimindo, em cinqüenta anos, cerca de 20 milhões de exemplares para uma população de quase 10 milhões de habitantes, cuja maioria era analfabeta. Para a época, isso significou enorme revolução, demonstrando que a imprensa só se tornou uma realidade diante da necessidade social de ler mais.

Impressos em papel, feitos em cadernos costurados e posteriormente encapados, os livros tornaram-se empreendimento cultural e comercial: os editores passaram logo a se preocupar com melhor apresentação e redução de preços. Tudo isso levou à comercialização do livro. E os livreiros baseavam-se no gosto do público para imprimir, principalmente obras religiosas, novelas, coleções de anedotas, manuais técnicos e receitas.

Mas a porcentagem de leitores não cresceu na mesma proporção que a expansão demográfica mundial. Somente com as modificações socioculturais e econômicas do século XIX — quando o livro começou a ser utilizado também como meio de divulgação dessas modificações e o conhecimento passou a significar uma conquista para o homem, que, segundo se acreditava, poderia ascender socialmente se lesse — houve um relativo aumento no número de leitores, sobretudo na França e na Inglaterra, onde alguns editores passaram a produzir obras completas de autores famosos, a preços baixos. O livro era então interpretado como símbolo de liberdade, conseguida por conquistas culturais. Entretanto, na maioria dos países, não houve nenhuma grande modificação nos índices porcentuais até o fim da Primeira Guerra Mundial (1914/18), quando surgiram as primeiras grandes tiragens de um só livro, principalmente romances, novelas e textos didáticos. O número elevado de cópias, além de baratear o preço da unidade, difundiu ainda mais a literatura. Mesmo assim, a maior parte da população de muitos países continuou distanciada, em parte porque o livro, em si, tinha sido durante muitos séculos considerado objeto raro, atingível somente por um pequeno número de eruditos. A grande massa da população mostrou maior receptividade aos jornais, periódicos e folhetins, mais dinâmicos e atualizados, e acessíveis ao poder aquisitivo da grande maioria. Mas isso não chegou a ameaçar o livro como símbolo cultural de difusão de idéias, como fariam, mais tarde, o rádio, o cinema e a televisão.

O advento das técnicas eletrônicas, o aperfeiçoamento dos métodos fotográficos e a pesquisa de materiais praticamente imperecíveis fazem alguns teóricos da comunicação de massa pensarem em um futuro sem os livros tradicionais (com seu formato quadrado ou retangular, composto de folhas de papel, unidas umas às outras por um dos lados). Seu conteúdo e suas mensagens (racionais ou emocionais) seriam transmitidos por outros meios, como por exemplo microfilmes e fitas gravadas.

A televisão transformaria o mundo todo em uma grande "aldeia" (como afirmou Marshall McLuhan), no momento em que todas as sociedades decretassem sua prioridade em relação aos textos escritos. Mas a palavra escrita dificilmente deixaria de ser considerada uma das mais importantes heranças culturais, entre todos os povos.

Através de toda a sua evolução, o livro sempre pôde ser visto como objeto cultural (manuseável, com forma entendida e interpretada em função de valores plásticos) e símbolo cultural (dotado de conteúdo, entendido e interpretado em função de valores semânticos). As duas maneiras podem fundir-se no pensamento coletivo, como um conjunto orgânico (onde texto e arte se completam, como, por exemplo, em um livro de arte) ou apenas como um conjunto textual (onde a mensagem escrita vem em primeiro lugar — em um livro de matemática, por exemplo).

A mensagem (racional, prática ou emocional) de um livro é sempre intelectual e pode ser revivida a cada momento. O conteúdo, estático em si, dinamiza-se em função da assimilação das palavras pelo leitor, que pode discuti-las, reafirmá-las, negá-las ou transformá-las. Por isso, o livro pode ser considerado instrumento cultural capaz de liberar informação, sons, imagens, sentimentos e idéias através do tempo e do espaço. A quantidade e a qualidade de idéias colocadas em um texto podem ser aceitas por uma sociedade, ou por ela negadas, quando entram em choque com conceitos ou normas culturalmente admitidos.

Nas sociedades modernas, em que a classe média tende a considerar o livro como sinal de *status* e cultura (erudição), os compradores utilizam-no como símbolo mesmo, desvirtuando suas funções ao transformá-lo em livro-objeto. Mas o livro é, antes de tudo, funcional — seu conteúdo é que lhe dá valor (como os livros de ciências, filosofia, religião, artes, história e geografia, que representam cerca de 75% dos títulos publicados anualmente em todo o mundo).

O mundo lê mais

No século XX, o consumo e a produção de livros aumentaram progressivamente. Lançado logo após a Segunda Guerra Mundial (1939/45), quando uma das características principais da edição de um livro eram as capas entreteladas ou cartonadas, o livro de bolso constituiu um grande êxito comercial. As obras — sobretudo *best sellers* publicados algum tempo antes em edições de luxo — passaram a ser impressas em rotativas, como as revistas, e distribuídas nas bancas de jornal. Como as tiragens elevadas permitiam preços muito baixos, essas edições de bolso popularizaram-se e ganharam importância em todo o mundo.

Até 1950, existiam somente livros de bolso destinados a pessoas de baixo poder aquisitivo; a partir de 1955, desenvolveu-se a categoria do livro de bolso "de luxo". As características principais destes últimos eram a abundância de coleções — em 1964 havia mais de duzentas, nos Estados Unidos — e a variedade de títulos, endereçados a um público intelectualmente mais refinado. A essa diversificação das categorias adiciona-se a dos pontos-de-venda, que passaram a abranger, além das bancas de jornal, farmácias, lojas, livrarias, etc. Assim, nos Estados Unidos, o número de títulos publicados em edições de bolso chegou a 35 mil em 1969, representando quase 35% do total dos títulos editados.

Proposta da coleção
"A Obra-Prima de Cada Autor"

"Coleção" é uma palavra há muito tempo dicionarizada e define o conjunto ou reunião de objetos da mesma natureza ou que têm alguma relação entre si. Em um sentido editorial, significa o conjunto não-limitado de obras de autores diversos, publicado por uma mesma editora, sob um título geral indicativo de assunto ou área, para atendimento de segmentos definidos do mercado.

A coleção "A Obra-Prima de Cada Autor" corresponde plenamente à definição acima mencionada. Nosso principal objetivo é oferecer, em formato de bolso, a obra mais importante de cada autor, satisfazendo o leitor que procura qualidade.*

Desde os tempos mais remotos existiram coleções de livros. Em Nínive, em Pérgamo e na Anatólia existiam coleções de obras literárias de grande importância cultural. Mas nenhuma delas superou a célebre biblioteca de Alexandria, incendiada em 48 a.C. pelas legiões de Júlio César, quando estas arrasaram a cidade.

A coleção "A Obra-Prima de Cada Autor" é uma série de livros a ser composta por mais de 400 volumes, em formato de bolso, com preço altamente competitivo, e pode ser encontrada em centenas de pontos-de-venda. O critério de seleção dos títulos foi o já estabelecido pela tradição e pela crítica especializada. Em sua maioria, são obras de ficção e filosofia, embora possa haver textos sobre religião, poesia, política, psicologia e obras de auto-ajuda. Inauguram a coleção quatro textos clássicos: *Dom Casmurro*, de Machado de Assis; *O Príncipe*, de Maquiavel; *Mensagem*, de Fernando Pessoa, e *O lobo do mar*, de Jack London.

Nossa proposta é fazer uma coleção quantitativamente aberta. A periodicidade é mensal. Editorialmente, sentimo-nos orgulhosos de poder oferecer a coleção "A Obra-Prima de Cada Autor" aos leitores brasileiros. Nós acreditamos na função do livro.

---

* Atendendo a sugestões de leitores, livreiros e professores, a partir de certo número da coleção começamos a publicar, de alguns autores, outras obras além da sua obra-prima.

Odes Modernas

Livro Primeiro

Allein im Innern leuchtet helles Licht[1]

GOETHE, *Fausto*

---

[1] "Apenas no íntimo brilha pura a luz", em alemão. (N. do E.)

I
Panteísmo

I

Aspiração... desejo aberto todo
Numa ânsia insofrida e misteriosa...
A isto chamo eu vida: e, deste modo,

Que mais importa a forma? silenciosa
Uma mesma alma aspira à luz e ao espaço
Em homem igualmente e astro e rosa!

A própria fera, cujo incerto passo
Lá vaga nos algares da devesa,
Por certo entrevê Deus — seu olho baço

Foi feito para ver brilho e beleza...
E se ruge, é que a agita surdamente
Tua alma turva, ó grande natureza!

Sim, no rugido há uma vida ardente,
Uma energia íntima, tão santa
Como a que faz trinar a ave inocente...

Há um desejo intenso, que alevanta
Ao mesmo tempo o coração ferino,
E o do ingênuo cantor que nos encanta...

Impulso universal! forte e divino,
Aonde quer que irrompa! é belo e augusto,
Quer se equilibre em paz no mudo hino

Dos astros imortais, quer no robusto
Seio do mar tumultuando brade,
Com um furor que se domina a custo;

Quer durma na fatal obscuridade
Da massa inerte, quer na mente humana
Sereno ascenda à luz da liberdade...

É sempre a eterna vida, que dimana
Do centro universal, do foco intenso,
Que ora brilha sem véus, ora se empana...

É sempre o eterno gérmen, que suspenso
No oceano do Ser, em turbilhões
De ardor e luz, evolve, ínfimo e imenso!

Através de mil formas, mil visões,
O universal espírito palpita
Subindo na espiral das criações!

Ó formas! vidas! misteriosa escrita
Do poema indecifrável que na Terra
Faz de sombras e luz a Alma infinita!

Surgi, por céu, por mar, por vale e serra!
Rolai, ondas sem praia, confundindo
A paz eterna com a eterna guerra!

Rasgando o seio imenso, ide saindo
Do fundo tenebroso do Possível,
Onde as formas do Ser se estão fundindo...

Abre teu cálix, rosa imarcescível!
Rocha, deixa banhar-te a onda clara!
Ergue tu, águia, o vôo inacessível!

Ide! crescei sem medo! Não é avara
A alma eterna que em vós anda e palpita...
Onda, que vai e vem e nunca pára!

Em toda a forma o Espírito se agita!
O imóvel é um deus, que está sonhando
Com não sei que visão vaga, infinita...

Semeador de mundos, vai andando
E a cada passo uma seara basta
De vidas sob os pés lhe vem brotando!

Essência tenebrosa e pura... casta
E todavia ardente... eterno alento!
Teu sopro é que fecunda a esfera vasta...
Choras na voz do mar... cantas no vento...

II

Porque o vento, sabei-o, é pregador
Que através das solidões vai missionando
A eterna Lei do universal Amor.

Ouve-o rugir por essas praias, quando,
Feito tufão, se atira das montanhas,
Como um negro Titã, e vem bradando...

Que imensa voz! que prédicas estranhas!
E como freme com terrível vida
A asa que o libra em extensões tamanhas!

Ah! quando em pé no monte, e a face erguida
Para a banda do mar, escuto o vento
Que passa sobre mim a toda a brida,

Como o entendo então! e como atento
Lhe escuto o largo canto! e, sob o canto,
Que profundo e sublime pensamento!

Ei-lo, o Ancião-dos-dias! ei-lo, o Santo,
Que já na solidão passava orando,
Quando inda o mundo era negrume e espanto!

Quando as formas o orbe tenteando
Mal se sustinha e, incerto, se inclinava
Para o lado do abismo, vacilando;

Quando a Força, indecisa, se enroscava
Às espirais do Caos, longamente,
Da confusão primeira ainda escrava;

Já ele era então livre! e rijamente
Sacudia o Universo, que acordasse...
Já dominava o espaço, onipotente!

Ele viu o Princípio. A quanto nasce
Sabe o segredo, o gérmen misterioso.
Encarou o Inconsciente face a face,
Quando a Luz fecundou o Tenebroso.

III

Fecundou!... Se eu nas mãos tomo um punhado
Da poeira do chão, da triste areia,
E interrogo os arcanos do seu fado,

O pó cresce ante mim... engrossa... alteia...
E, com pasmo, nas mãos vejo que tenho
Um espírito! o pó tornou-se idéia!

Ó profunda visão! mistério estranho!
Há quem habite ali, e mudo e quedo
Invisível está... sendo tamanho!

Espera a hora de surgir sem medo,
Quando o deus encoberto se revele
Com a palavra do imortal segredo!

Surgir! surgir!— é a ânsia que os impele
A quantos vão na estrada do infinito
Erguendo a pasmosíssima Babel!

Surgir! ser astro e flor! onda e granito!
Luz e sombra! atração e pensamento!
Um mesmo nome em tudo está escrito —
....
Eis quanto me ensinou a voz do vento.

1865-1874

II
À História

I

....
Mas o Homem, se é certo que o conduz,
Por entre as cerrações do seu destino,
Não sei que mão feita d'amor e luz
Lá para as bandas dum porvir divino...
Se, desde Prometeu até Jesus,
O fazem ir — estranho peregrino,
O Homem, tenteando a grossa treva,
Vai... mas ignora sempre quem o leva!

Ele não sabe o nome de seus Fados,
Nem vê de frente a face do seu guia.
Onde o levam os deuses indignados?...
Isto só lhe escurece a luz do dia!
Por isso verga ao peso dos cuidados;
Duvida e cai, lutando em agonia:
E, se lhe é dado que suplique e adore,
Também é justo que blasfeme e chore!

Já que vamos, é bom saber aonde...
O grão de pó, que o simum levanta,
E leva pelo ar e envolve e esconde,
Também, no turbilhão, se agita e espanta!
Também pergunta aonde vai e donde
O traz a tempestade que o quebranta...
E o homem, bago d'água pequenino,
Também tem voz na onda do destino!

Porque os evos, rolando, nos lançaram
Sobre a praia dos tempos, esquecidos,
E, náufragos duma hora, nos deixaram
Postos ao ar, sem teto e sem vestidos.
Estamos. Mas que ventos nos deitaram
E com que fim, aqui, meio partidos,
Se um Acaso, se Lei nos céus escrita...
Eis o que a mente humana em vão agita!

Ó areias da praia, ó rochas duras,
Que também prisioneiras aqui estais!
Entendeis vós acaso estas escuras
Razões da sorte, surda a nossos ais?
Sabe-las tu, ó mar, que te torturas
No teu cárcere imenso? e, águas, que andais
Em volta aos sorvedouros que vos somem,
Sabeis vós o que faz aqui o Homem?

Fronte que banha a luz — e olhar que fita
Quanta beleza a imensidão rodeia!
Da geração dos seres infinita
Mais pura forma e mais perfeita idéia!
No vasto seio um mundo se lhe agita...
E um sol, um firmamento se incendeia
Quando, ao clarão da alma, em movimento
Volve os astros do céu do pensamento!

E, entanto, ó largo mundo, que domina
Seu espírito imenso! ele é mesquinho
Mais que a ave desvalida e pequenina,
A que o vento desfez o estreito ninho!
Quanto mais vê da esfera cristalina
Mais deseja, mais sente o agudo espinho...
E o círculo de luz da alma pura
É um cárcere, apenas, de tortura!

Um sonho gigantesco de beleza
E uma ânsia de ventura o faz na vida
Caminhar, como um ébrio, na incerteza
Do destino e da Terra-prometida...

Sorri-lhe o céu de cima, e a natureza
Em volta é como amante apetecida —
Ele porém, sombrio entre os abrolhos,
Segue os passos do sonho... e fecha os olhos!

Fecha os olhos... que os passos da visão
Não deixam mais vestígios do que o vento!
Tu, que vais, se te sofre o coração
Virar-te para trás... pára um momento...
Dos desejos, das vidas, nesse chão
Que resta? que espantoso monumento?
Um punhado de cinzas — toda a glória
Do sonho humano que se chama História. —

II

Oh! a História! A Penélope sombria,
Que leva as noites desmanchando a teia
Que suas mãos urdiram todo o dia!
O alquimista fatal, que toma a Idéia,
E, nas combinações da atroz magia,
Só extrai Pó! A fúnebre Medéia
Que das flores de luz do coração
Compõe seu negro filtro — a confusão!

Eis do trabalho secular das raças,
Das dores, dos combates, das confianças,
Quanto resta afinal... cinzas escassas!
O tédio sobre o céu das esperanças
Suas nuvens soprou! E ódios, desgraças,
Desesperos, misérias e vinganças,
Eis a bela seara d'ouro erguida
Do chão, onde ilusões semeia a vida!

Os cultos com fragor rolam partidos;
E em seu altar os deuses cambaleiam;
E dos heróis os ossos esquecidos
Nem um palmo, sequer, do chão se alteiam!
Os nossos Imutáveis ei-los idos

Como as chamas no monte, que se ateiam
Na urze seca e a aragem ergue um momento,
E uma hora após são cinza... e leva o vento!

Ó duração de sonhos! fortalezas
De fumo! rochas de ilusão a rodos!
Que é dos santos, dos altos, das grandezas,
Que inda há cem anos adoramos todos?
As verdades, as bíblias, as certezas?
Limites, formas, consagrados modos?
O que temos de eterno e sem enganos,
Deus — não pode durar mais que alguns anos!

Tronos, religiões, impérios, usos...
Oh que nuvens de pó alevantadas!
Castelos de nevoeiro tão confusos!
Ondas umas sobre outras conglobadas!
Que longes que não têm estes abusos
Da forma! Tróias em papel pintadas!
Babilônias de névoa, que uma aragem,
Roçando, abala e lança na voragem!

Sobre alicerces d'ar as sociedades
Como sobre uma rocha têm assento...
E os cultos, as crenças, as verdades
Ali crescem, lá têm seu fundamento...
Ó grandes torreões, templos, cidades,
Babéis de orgulho e força... Sobre o vento
Sobre os pés do gigante que se eleva...
E era d'ar essa base... e o vento a leva!

E o vento a dispersou! Ele é seguro
O *Forte da ilusão*... mas se a primeira
Rajada o céu mandou, pedras do muro,
Não rolam mais que vós os grãos na eira!
Vê-se então a alma humana, pelo escuro,
No turbilhão que arrasta essa poeira
Ruir também, desfeita e em pó tornada,
Té que se esvai... té que a sumiu o nada!

III

E isto no meio do infinito espaço!
Dos sóis! dos mundos! sala de fulgores!
Isto no chão da vida... e a cada passo
Rebentam sob os pés cantos e flores!
Quando abre a Natureza o seu regaço,
E o seio da Mulher os seus amores!
E tem beijos a noite... e o dia festas...
E o mar suspira... e cantam as florestas...

Por cima o céu que ri... e embaixo o pranto...
Harmonias em volta... e dentro a guerra...
Dentro do peito humano, o templo santo,
O vivo altar onde comungue a terra!
Vede! habita no altar o horror e o espanto,
E a Arca-de-amor só podridão encerra!
Que espantosa ilusão, que desatino,
Ó luz do céu! é pois este destino?

Os montes não entendem estas coisas!
Estão, de longe, a olhar nossas cidades,
Pasmados com as lutas furiosas
Que os turbilhões, chamados sociedades,
Lhes revolvem aos pés! Vertiginosas
No mar humano as ondas das idades
Passam, rolam bramindo — eles, entanto,
Com o vento erguem ao céu sereno canto!

Às vezes, através das cordilheiras,
Com ruído de gelos despregados,
Um exército passa, e as derradeiras
Notas da guerra ecoam nos valados...
Então há novas vozes nas pedreiras,
E as bocas dos vulcões mal apagados,
De monte em monte, em ecos vagarosos,
Perguntam — onde vão estes furiosos? —

Sim, montes! onde vamos? onde vamos,
Que a criação, em volta a nós pasmada,
Emudece de espanto, se passamos
Em novelos de pó sobre essa estrada?...
As águias do rochedo, e a flor, e os ramos,
E a noite escura, e as luzes da alvorada,
Perguntam que destinos nos consomem...
E os astros dizem — onde vai o Homem? —

Porque o mundo, tão grande, é um infante
Que adormece entre cantos noite e dia,
Embalado no éter radiante,
Todo em sonhos de luz e de harmonia!
O forte Mar (e mais é um gigante)
Também tem paz e coros de alegria...
E o céu, com ser imenso, é serenado
Como um seio de herói, vasto e pausado.

Quanto de grande há aí dorme e sossega:
Tudo tem sua lei onde adormece:
Tudo, que pode olhar, os olhos prega
Nalgum Íris d'amor que lhe alvorece...
Só nós, só nós, a raça triste e cega,
Que a três palmos do chão nem aparece,
Só nós somos delírio e confusão,
Só nós temos por nome *turbilhão*!

Turbilhão — de Desejos insofridos.
Que o sopro do Impossível precipita!
Turbilhão — de Ideais, lumes erguidos
Em frágil lenho, que onda eterna agita!
Turbilhão — de Nações, heróis feridos
Em tragédia enredada e infinita!
Tropel de Reis sem fé, que se espedaça!
Tropel de deuses vãos, que o nada abraça!

Há nisto quanto baste para morte...
Para fechar os olhos sobre a vida
Eternamente, abandonando à sorte
A palma da vitória dolorida!

Há quanto baste por que já se corte
A amarra do destino, enfim partida,
Com um grito de dor, que leve o vento
Onde quiser — *a morte e o esquecimento*!

IV

Mas que alma é a tua então, Homem, se ainda
Podes dormir o sonho da esperança,
Enquanto a mão da crueldade infinda
Teu leito te sacode e te balança?
Que fada amiga, que visão tão linda
Te enlaça e prende na dourada trança,
Que não ouves, não vês o negro bando
Dos lobos em redor de ti uivando?

E persistes na vida... e a vida ingrata
Foge a teus braços trêmulos de amante!
E abençoas a Deus... Deus que te mata
Tua esperança e luz, a cada instante!
Que tesouro de fé (que ouro nem prata
Não podem igualar, nem diamante)
É teu peito, que doura as negras lousas...
E crês no céu... e amá-lo ainda ousas?

Passam às vezes umas luzes vagas
No meio desta noite tenebrosa...
Na longa praia, entre o rugir das vagas,
Transparece uma forma luminosa...
A alma inclina-se, então, por sobre as fragas,
A espreitar essa aurora duvidosa...
Se é dum mundo melhor a profecia,
Ou apenas das ondas a ardentia.

Sai do cadinho horrível das torturas,
Onde se estorce e luta a alma humana,
Uma voz que atravessa essas alturas
Com vôo d'águia e força soberana!
O que há de ser? que verbo d'amarguras?

Que blasfêmia a essa sorte desumana?
Que grito d'ódio e sede de vingança?...
Uma bênção a Deus! uma esperança!

Rasga dentre os tormentos a esperança...
Dos corações partidos nasce um lírio...
Ó vitória do Amor, da confiança,
Sobre a Dor, que se estorce em seu delírio!...
A mente do homem, essa, não se cansa...
Sob o açoite, no circo, no martírio...
E o escravo, sem pão, lar nem cidade,
Crê... sonha um culto, um Deus — a Liberdade!

Flor com sangue regada... e linda e pura!
Olho de cego... que adivinha a aurora!
Oh! mistério do amor! que à formosura
Exceda muito o feio... quando chora!
Vede, ó astros do céu, o que a tortura
Espreme da alma triste, em cada hora...
O Ideal — que em peito escuro medra,
Bem como a flor do musgo sobre a pedra!

Por que se sofre é que se espera... e tanto
Que as dores são os nossos diademas.
O olhar do homem que suplica é santo
Mais que os lumes do céu, divinas gemas.
Desgraças o que são? o que é o pranto?
Se a flor da Fé nas solidões extremas
Brotar, e a crença bafejar a vida...
É nossa, é nossa a Terra-prometida!

V

Ó Ideal! se é certo o que nos dizem,
Que é para ti que vamos, neste escuro...
Se os que lutam e choram e maldizem
Hão de inda abençoar-te no futuro...
Se há de o mal renegar-se, e se desdizem
Ainda os Fados seu tremendo auguro...

E um dia havemos ver, cheios d'espanto,
Deus descobrir-se deste negro manto...

Se o Destino impassível há de, uma hora,
Descruzar os seus braços sobre o mundo,
E a sua mão rasgar os véus da aurora,
Que, alfim, luza também no nosso fundo...
Se há de secar seu pranto o olhar que chora,
E exultar inda o inseto mais imundo,
Mostrando o céu, à luz d'estranho dia,
As constelações novas da Harmonia...

Ah! que se espera então? O sangue corre,
Corre em ribeiras sobre a terra dura...
Não há já fonte, nesse chão, que jorre
Senão lágrimas, dor, e desventura...
O último lírio, a Fé, secou-se... morre!...
Se não é esta a hora da ventura,
Do resgate final dos padecentes,
Por que esperais então, céus inclementes?

Sim! por que é que esperais? Tem-se sofrido,
Temos sofrido muito, muito! e agora
Desceu o fel ao coração descrido,
Vem já bem perto nossa extrema hora...
Abale-se o universo comovido!
Deixe o céu radiar a nova aurora!
Que os peitos soltem o seu longo *enfim*!
E o olhar de Deus na terra escreva: Fim!

Fim desta provação, fim do tormento,
Mas da verdade, mas do bem, *começo*!
Erga-se o homem, atirando ao vento
O antigo Mal, com trágico arremesso!
Na nossa tenda tome Deus assento,
Mostre seus cofres, seus corais de preço,
Que se veja afinal quanto guardava
Para o resgate desta raça escrava!

Escrava? escrava que já parte os ferros!
Eu creio no destino das nações:
Não se fez para dor, para desterros,
Esta ânsia que nos ergue os corações!
Hão de ter fim um dia tantos erros!
E do ninho das velhas ilusões
Ver-se-á, com pasmo, erguer-se à imensidade
A águia esplêndida e augusta da Verdade!

VI

Se um dia chegaremos, nós, sedentos,
A essa praia do eterno *mar-oceano*,
Onde lavem seu corpo os pustulentos,
E farte a sede, enfim, o peito humano?
Oh! diz-me o coração que estes tormentos
Chegarão a acabar: e o nosso engano,
Desfeito como nuvem que desanda,
Deixará ver o céu de banda a banda!

Felizes os que choram! alguma hora
Seus prantos secarão sobre seus rostos!
Virá do céu, em meio duma aurora,
Uma águia que lhes leve os seus desgostos!
Há de alegrar-se, então, o olhar que chora...
E os pés de ferro dos tiranos, postos
Na terra, como torres, e firmados,
Se verão, como palhas, levantados!

Os tiranos sem conto — velhos cultos,
Espectros que nos gelam com o abraço...
E mais renascem quanto mais sepultas...
E mais ardentes no maior cansaço...
Visões d'antigos sonhos, cujos vultos
Nos oprimem ainda o peito lasso...
Da terra e céu bandidos orgulhosos,
Os Reis sem fé e os Deuses enganosos!

O mal só deles vem — não vem do Homem.
Vem dos tristes enganos, e não vem
Da alma, que eles invadem e consomem,
Espedaçando-a pelo mundo além!
Mas que os desfaça o raio, mas que os tomem
As auroras, um dia, e logo o Bem,
Que encobria essa sombra movediça,
Surgirá, como um astro de Justiça!

E, se cuidas que os vultos levantados
Pela ilusão antiga, em desabando,
Hão de deixar os céus despovoados
E o mundo entre ruínas vacilando;
Esforça! ergue teus olhos magoados!
Verás que o horizonte, em se rasgando,
É por que um céu maior nos mostre — e é nosso
Esse céu e esse espaço! é tudo nosso!

É nosso quanto há belo! A Natureza,
Desde aonde atirou seu cacho a palma,
Té lá onde escondidos na frieza
Vegeta o musgo e se concentra a alma:
Desde aonde se fecha da beleza
A abóbada sem fim — té onde a calma
Eterna gera os mundos e as estrelas,
E em nós o Empíreo das idéias belas!

Templo de crenças e d'amores puros!
Comunhão de verdade! onde não há
Banzo à porta a estremar *fiéis* e *impuros*,
Uns para a *luz*... e os outros para *cá*...
Ali parecerão os mais escuros
Brilhantes como a face de Jeová,
Comungando no altar do coração
No mesmo amor de pai e amor d'Irmão!

Amor d'Irmão! oh! este amor é doce
Como ambrosia e como um beijo casto!
Orvalho santo, que chovido fosse,
E o lírio absorve como etéreo pasto!...

Dilúvio suave, que nos toma posse
Da vida e tudo, e que nos faz tão vasto
O coração minguado... que admira
Os sons que solta esta celeste lira!

Só ele pode a ara sacrossanta
Erguer, e um templo eterno para todos...
Sim, um eterno templo e ara santa,
Mas com mil cultos, mil diversos modos!
Mil são os frutos, e é só uma a planta!
Um coração, e mil desejos doudos!
Mas dá lugar a todos a Cidade,
Assente sobre a rocha da Igualdade.

É desse amor que eu falo! e dele espero
O doce orvalho com que vá surgindo
O triste lírio, que este solo austero
Está entre urze e abrolhos encobrindo.
Dele o resgate só será sincero...
Dele! do Amor!... enquanto vais abrindo,
Sobre o ninho onde choca a Unidade,
As tuas asas d'águia, ó Liberdade!

1865

III
A idéia

I

Pois que os deuses antigos e os antigos
Divinos sonhos por esse ar se somem...
E à luz do altar-da-fé, em Templo ou Dólmen,
A apagaram os ventos inimigos...

Pois que o Sinai se enubla, e os seus pascigos,
Secos à míngua d'água, se consomem...
E os profetas d'outrora todos dormem,
Esquecidos, em terra sem abrigos...

Pois que o céu se fechou, e já não desce
Na escada de Jacó (na de Jesus!)
Um só anjo que aceite a nossa prece...

É que o lírio da Fé já não renasce:
Deus tapou com a mão a sua luz,
E ante os homens velou a sua face!

II

Pálido Cristo, ó condutor divino!
A custo agora a tua mão tão doce
Incerta nos conduz, como se fosse
Teu grande coração perdendo o tino...

A palavra sagrada do destino
Na boca dos oráculos secou-se;
E a luz da *sarça-ardente* dissipou-se
Ante os olhos do vago peregrino!

Ante os olhos dos homens — porque o mundo
Desprendido rolou das mãos de Deus,
Como uma cruz das mãos de um moribundo!

Porque já se não lê Seu nome escrito
Entre os astros — e os astros, como ateus,
Já não querem mais lei que o infinito!

III

Força é pois ir buscar outro caminho!
Lançar o arco de outra nova ponte
Por onde a alma passe — e um alto monte
Aonde se abra à luz o nosso ninho.

Se nos negam aqui o pão e o vinho,
Avante! é largo, imenso esse horizonte...
Não, não se fecha o mundo! e além, defronte,
E em toda a parte, há luz, vida e carinho!

Avante! os *mortos* ficarão sepultos...
Mas os vivos que sigam — sacudindo,
Como pó da estrada, os velhos cultos!

Doce e brando era o seio de Jesus...
Que importa? havemos de passar, seguindo,
Se além do seio dele houver mais luz!

IV

Conquista pois sozinho o teu Futuro,
Já que os celestes guias te hão deixado,
Sobre uma terra ignota abandonado,

Homem — proscrito rei — mendigo escuro —

Se não tens que esperar do céu (tão puro
Mas tão cruel!) e o coração magoado
Sentes já de *ilusões* desenganado,
Das ilusões do antigo amor perjuro;

Ergue-te, então, na majestade estóica
De uma vontade solitária e altiva,
Num esforço supremo de alma heróica!

Faze um templo dos muros da cadeia...
Prendendo a imensidade eterna e viva
No círculo de luz da tua Idéia!

V

Mas a Idéia quem é? quem foi que a viu,
Jamais, a essa encoberta peregrina?
Quem lhe beijou a sua mão divina?
Com seu olhar de amor quem se vestiu?

Pálida imagem que a água de algum rio,
Refletindo, levou... incerta e fina
Luz que mal bruxuleia pequenina...
Nuvem que trouxe o ar... e o ar sumiu...

Estendei, estendei-lhe os vossos braços,
Magros da febre de um sonhar profundo,
Vós todos que a seguis nesses espaços!

E, entanto, ó alma triste, alma chorosa,
Tu não tens outra amante em todo o mundo
Mais que essa fria virgem desdenhosa!

34

VI

Outra amante não há! não há na vida
Sombra a cobrir melhor nossa cabeça...
Nem bálsamo mais doce que adormeça
Em nós a antiga, a secular ferida!

Quer fuja esquiva, ou se ofereça erguida
Como quem sabe amar e amar confessa...
Quer nas nuvens se esconda ou apareça,
Será sempre ela a *esposa-prometida*!

Nossos desejos para ti, ó fria,
Se erguem bem como os braços do proscrito
Para as bandas da pátria, noite e dia...

Podes fugir... nossa alma, delirante,
Seguir-te-á através do infinito,
Até voltar contigo, triunfante!

VII

Oh! o noivado bárbaro! o noivado
Sublime! aonde os céus, os céus ingentes
Serão leito de amor — tendo pendentes
Os astros por dossel e cortinado!

As bodas do Desejo, embriagado
De ventura, afinal! visões ferventes
De quem nos braços vai de ideais ardentes
Por espaços sem termo arrebatado!

Lá, por onde se perde a fantasia
No sonho das belezas — lá, aonde
A noite tem mais luz que o nosso dia,

Lá, no seio da eterna claridade,
Aonde Deus à humana voz responde,
É que te havemos abraçar, Verdade!

.

VIII

Lá! Mas aonde é *lá*? Aonde? — Espera,
Coração indomado! O céu, que anseia
A alma fiel, o céu, o céu da Idéia,
Em vão o buscas nessa imensa esfera!

O espaço é mudo — a imensidade austera
Debalde noite e dia se incendeia...
Em nenhum astro, em nenhum sol se alteia
A rosa ideal da *eterna primavera*!

O Paraíso e o templo da Verdade,
Ó mundos, astros, sóis, constelações!
Nenhum de vós o tem na imensidade...

A Idéia, o sumo Bem, o Verbo, a Essência,
Só se revela aos homens e às nações
No céu incorruptível da Consciência!

1864-1871

IV
Pater[1]

(A Abílio Guerra Junqueiro)

I

Já que os vejo passar assim altivos
E cheios de vanglória, como quem
Ao peito humano deu a luz que tem,
E a nossos corações os lumes vivos;

Já que os vejo, assentados na cadeira
Da prudência, falar com voz segura,
Dar-se em adoração à gente escura
E doutrinar dali à terra inteira;

Já que os vejo, co'a mão que *ata* e *desata*,
Entre os homens partir o mundo todo
E todo o céu — e dar a este o lodo,
E àquele o reino de safira e prata;

Dizer a uns — falai! e pôr na boca
Dos outros a mordaça da doutrina;
Dar a estes a espada de aço fina,
E, *ao resto*, pôr-lhe à cinta a estriga e a roca;

---
[1] "Pai" e "padre", em latim. (N. do E.)

Já que os vejo fazer a noite e o dia
Com o abrir e fechar dos olhos baços;
E pretender que o Sol lhes segue os passos,
E em seus sermões aprende a harmonia;

Dispor do céu como de casa sua,
A que pusessem Deus como porteiro;
E receber com rosto prazenteiro
Este — e àquele deixá-lo ali na rua;

Eu quero perguntar aos Zoroastros
Do pôr-do-sol, videntes do passado,
Que medem, pelo ritmo compassado
De seus passos, o giro aos grandes astros:

Eu quero perguntar aos Sacerdotes,
Que, chamando *rebanho* a seus irmãos,
Cuidam que Deus lhes cabe em duas mãos,
E todo o céu debaixo dos capotes:

Quero-os interrogar — por que, em verdade,
Se saiba qual mais vale, se o *pau* se a *cruz*?...
Se o sol ao círio deu a sua luz,
Ou deu o círio ao sol a claridade?...

Se a cúpula do Céu teve modelo
Na cúpula da Igreja? e se as estrelas,
Para alcançar licença de ser belas,
Foram pedir a alguém o santo-selo?

Se foi Deus, quando o sol saiu do abismo,
Que à luz do infinito o batizou;
Ou se algum bispo foi que o sustentou,
Inda infante, nas fontes do batismo?

Se há quem tenha na terra monopólio
Do câmbio-livre, que se chama Idéia?
Se a Verdade não vale um grão de areia
Sem que, antes, a batize o santo-óleo?

Se terá mais comércio co'as estrelas
O velho livro ou o novo coração?
Quem vai mais perto — a forma ou a inspiração —
Das grandes coisas e das coisas belas?

Que, nesta confusão, nestas desordens,
Se veja, enfim, bem claro, à luz dos céus,
Se o Messias nasceu entre os Judeus,
Ou se, quando nasceu, já tinha *ordens*?

Sim! que afinal se saiba tudo isto,
E se veja o caminho aonde vamos.
Ver e saber — para que enfim possamos
Escolher entre o Padre e entre o Cristo.

II

Padre?! Padre... é o Pai — só — que nos cobre,
E a todos com a mão afaga e amima,
E em meio do caminho nos anima,
E vai conosco — o que está *sob* e *sobre*.

O que escreve o Evangelho cada dia
Em nossos corações — e em cada hora,
A quanto olhar se eleva e mudo adora,
Diz a eterna missa da Harmonia.

O que veste a estola do infinito
Para deitar a grande bênção — Vida —
E reza, lendo em página fulgida,
O que em letra de estrelas anda escrito.

É quanto dele fala — o livre oceano,
O salmista das vastas solidões;
O que desenha a voz das orações
Sobre a tela do coro soberano.

Padres, o mar e o céu — apostolando
A Terra sempre crente e sempre nova:

Um — que a força da crença lhe renova...
O outro — o que está Deus sempre amostrando.

A aurora é o *sursum-corda* do Universo;
A luz é *oremus*², porque é hóstia o Sol;
Quanto abre o olhar aos raios do arrebol
Eis o povo-cristão aí disperso.

Quando as flores, que se abrem, são espelhos...
E a ervinha é berço, e berços os rosais...
Quando são as florestas catedrais...
Eis aí outros tantos Evangelhos!

O cedro na montanha apostoliza;
O vento prega às livres solidões;
As estrelas do céu são orações,
E o amor, no coração, evangeliza!

O Amor! o evangelista soberano!
Para quem não há tarde nem aurora!
O que sobe a pregar, a toda a hora,
Ao púlpito-da-fé... o peito humano!

De dois raios de uns olhos bem-amados
É que se faz a cruz que nos converte;
E a palavra, que a crença às almas verte,
Faz-se essa de suspiros abafados.

Esse é o Confessor que absolve — e tem
Sempre o perdão consigo e a paz radiante...
Ou nuns lábios bem trêmulos de amante,
Ou nuns olhos bem úmidos de mãe.

---

² "Corações ao alto" e "oremos", em latim, duas expressões usadas na missa. (N. do E.)

Homens, olhai — que o seio maternal,
Em se abrindo, é o livro aonde Deus
Escreve, com a luz que vem dos céus,
A eterna Bíblia, a única imortal!

Cada lábio de mãe escreve um salmo
Na fronte do filhinho, em o beijando...
Nem há santo que tenha, radiando,
Uma auréola assim de brilho calmo!

Esses são Padres — porque são os Pais —
Os que do amor nos batizaram na água...
Os que, inclinados sobre a nossa mágoa,
Bebem em nosso peito os nossos ais.

É tudo que tem voz que se ouça ao longe,
E coração tamanho como a esfera:
A voz do inverno e a voz da primavera...
E a voz do peito humano... o grande *monge*.

Sim, monge! *triste e só* — porque o devora
A vaga nostalgia do deserto;
E vela a noite, e vai sempre desperto
A olhar de que banda venha a aurora.

Padre... o Espírito! o que anda em nós — o auguro,
Que n'alma traça o círculo divino;
A Cumana, que em verso sibilino
Dita aos homens os cantos do futuro.

Vós, Poetas, vós sois também sibilas,
Que adivinhais e andais com voz fremente
Sempre a gritar — avante! avante! à gente,
Por cidades, por montes e por vilas.

Vós sois os pregadores do Ideal,
Que lançais a *palavra* aos quatro ventos:
A tribo de Levi, que mil tormentos
Guarda a Arca, dos filhos de Baal.

Sim, Padre! o poeta crente, que alevanta,
Como hóstias, as almas para os céus!
O pregador, que fala, enquanto Deus
Lhe arma de corações tribuna santa.

Os que na frente vão, bradando — alerta!
Sentinelas perdidas do futuro...
Os que o clarim do abismo, pelo escuro,
Faz em sonhos tremer, e enfim desperta.

A corte dos pálidos proscritos,
Que têm nos rostos estampada a fome;
Que, enquanto o frio os rói e os consome,
Trazem no coração deuses escritos.

Os heróis que, com pulsos algemados,
Vão ao mundo pregando a liberdade —
Astros, a quem se nega a claridade...
Nas trevas dos ergástulos cerrados.

Que — enquanto os pés na terra, em corrupio,
Lhes fogem — impassíveis, firmes, altos,
Meditam, sem temor nem sobressaltos,
Riscando as sociedades no vazio.

Que — enquanto a *Lei* os tem em fundas covas,
Como traidores, ímpios, embusteiros —
Sobre esse mesmo chão dos cativeiros
Semeiam a seara das leis novas.

Os inventores, que, soltando ais,
Deixam das mãos cair obras gigantes;
E riscam templos sobre os céus distantes...
Assentados à porta de hospitais!

Quem a estes lhes deu suas Missões
Foi o alto Messias — sofrimento —
Por que possam o Verbo, o pensamento,
Abaixar sobre a fronte às multidões.

Foi o Espírito, o fogo incandescente,
Que os batizou ao lume da Idéia,
Por que possam pegar no grão de areia,
E mudá-lo num astro reluzente...

Que eles fazem milagres — desde o espaço
Galgado já e unificada a terra,
Té aos irmãos, há tanto tempo em guerra,
Que, afinal, já se estreitam num abraço:

Desde a lepra, dos corpos, e os abrolhos,
Dos montes, arrancados... desde as flamas
Tiradas ao trovão... té às escamas
Arrancadas aos *cegos* de seus olhos:

Eles fazem do mundo eucaristia,
Onde vêm ter os povos comunhão;
E, do gênio assoprando-lhe o clarão,
Fazem da noite humana imenso dia.

Fazem nascer, por entre espinhos bravos,
Flores, a um lado, e ao outro, frutos;
E os novos risos, dos antigos lutos,
E a liberdade, em corações escravos!

Pois, se são operários do futuro,
Semeadores da seara nova,
Que lançam uma idéia em cada cova,
Da dura história sobre o chão escuro;

Se vão na frente, e a bússola que os leva
Para o pólo de Deus se inclina e pende;
Buscando o *continente* que se estende
Além do sofrimento e além da treva;

Se a cada voz de guerra dizem — *basta!*
Lançando-se entre os ferros dos irmãos;
E exclamam — *ainda!* — pondo as mãos,
A cada voz de amor serena e casta;

São os grandes profetas da consciência;
Bíblias que o povo com a mão folheia;
Reveladores santos da Idéia,
Que, em cada hora, vão furtando à Essência:

São milícia sagrada — são cortes
Do céu, passando aqui — são missionários
Amostrando Jesus aos homens vários...
Ajudam pois a Deus! são sacerdotes!

III

Aí tendes os *Padres*! que nos cobrem
Nossas frontes do mal, e nos desvendam
Os olhos por que vejam, amem, entendam...
Não os que o sol co'as capas nos encobrem!

A Igreja dera o Inferno ao triste *réu*
(Que beijo maternal! e que olhar terno!)
Mas Dante, a pé enxuto, passa o Inferno,
Para, chegando à porta, bradar *céu*!

Desde essa hora... *acabou*! abriu-se a porta!
Os condenados ruem para fora!
O que era multidão ainda agora...
Tornou-se solidão deserta e morta.

Inda às vezes os vemos ir na praça...
Mas no lábio morreu-lhes a *palavra*!
O incêndio agora de outra banda lavra...
São como os restos de uma extinta raça.

Quando se ergue a um lado o olhar pasmado
Das gentes, que já cuidam enxergar
Dessa banda do céu Deus assomar...
Heis de vê-los olhar o oposto lado!

E quando as mães lhes vêm beijar os pés,
Erguendo um filho, como um raio a estrela,

Olhando o inocente e a mãe bela,
Não têm mais bênção do que *pulvis es*[3]!

E, quando de uma amante, o olhar velado
Se encontra, acaso, com o seu, passando,
Não tem aquele espectro miserando
Melhor saudação do que *pecado*!

Se o século se atira, como onda,
À praia do futuro, nos espaços,
Cuidais acaso que lhe siga os passos?
Não! o *mocho* não tem onde se esconda!

IV

Por que, pois, trás da sombra ides correndo,
Homens, que a *luz* no berço batizara?
Quando correis assim virais a cara...
Pelas costas o sol vos vem nascendo!

Ó vós! — se ides em busca da Verdade! —
Olhai bem... que essa mão, que assim vos leva,
Bem pode ser que seja toda treva,
Quando se aclama toda claridade!

V

Quando a sede nos seca o paladar,
E o sol a pino o peito nos esmaga,
Se enfim se chega à praia, junto à vaga,
Quem hesita entre a areia e entre o Mar?

....
....

---

[3] "Sois pó", em latim. (N. do E.)

....
....

Deitai-vos a nadar, homens! e vede
Que a onda é que se chama liberdade!
O Dogma é a areia, apenas — a verdade
É esse o Mar — que o Mar nos mate a sede!

1864

V
Vida

(A uns políticos)

Por que é que combateis? Dir-se-á, ao ver-vos,
Que o Universo acaba aonde chegam
Os muros da cidade, e nem há vida
Além da órbita onde as vossas giram,
E além do Fórum já não há mais mundo!

Tal é o vosso ardor! tão cegos tendes
Os olhos de mirar a própria sombra,
Que dir-se-á, vendo a força, as energias
Da vossa vida toda, acumuladas

Sobre um só ponto, e a ânsia, o ardente vórtice,
Com que girais em torno de vós mesmos,
Que limitais a terra à vossa sombra...
Ou que a sombra vos toma a terra toda!
Dir-se-á que o oceano imenso e fundo e eterno,
Que Deus há dado aos homens, por que banhem
O corpo todo, e nadem à vontade,
E vaguem a sabor, com todo o rumo,
Com todo o norte e vento, vão e percam-se
De vista, no horizonte sem limites...
Dir-se-á que o mar da vida é gota d'água
Escassa, que nas mãos vos há caído,
De avara nuvem que fugiu, largando-a...

Tamanho é o ódio com que a uns e a outros
A disputais, temendo que não chegue!

Homens! para quem passa, arrebatado
Na corrente da vida, nessas águas
Sem limites, sem fundo — há mais perigo
De se afogar, que de morrer à sede!

De que vale disputar o espaço estreito,
Que cobre a sombra da árvore da pátria,
Quando são vossos cinco continentes?
De que vale apinhar-se junto à fonte
Que — fininha — brotou por entre as urzes,

Quando há sete mil ondas por cada homem?
De que vale digladiar por uma fita,
Que mal cobre um botão, quando estendida
Deus pôs sobre a cabeça de seus filhos
A tenda, de ouro e azul, do firmamento?
De que vale concentrar-se a vida toda
Numa paixão apenas, quando o peito
É tão rico, que basta dar-lhe um toque
Por que brotem, aos mil, os sentimentos?!

Oh! a vida é um abismo! mas fecundo!
Mas imenso! tem luz — e luz que cegue,
Inda a águia de Patmos — e tem sombras
E tem negrumes, como o antigo Caos:
Tem harmonias, que parecem sonhos
De algum anjo dormido; e tem horrores
Que os nem sonha o delírio!

                                                    É imensa a vida,
Homens! não disputeis um raio escasso,
Que vem daquele sol; a tênue nota,
Que vos chega daquelas harmonias;
A penumbra, que escapa àquelas sombras;
O tremor, que vos vem desses horrores.
Sol e sombras, horror e harmonias,
De quem é isto, se não é do homem?!

Não disputeis, curvado o corpo todo,
As migalhas da mesa do banquete:
Erguei-vos! e tomai lugar à mesa...

Que há lugar no banquete para todos:
Que a vida não é átomo tenuíssimo,
Que um feliz apanhou, no ar, voando,
E guardou para si, e os outros, pobres,
Deserdados, invejam — é o ar todo,
Que respiramos; e esse, inda mais livre,
Que nos respira a alma — a terra firme,
Onde pomos os pés, e o céu profundo
Aonde o olhar erguemos — é o imenso,
Que se infiltra do átomo ao colosso;
Que se ocultou aqui, e além se mostra;
Que traz a luz dourada, e leva a treva;
Que dá raiva às paixões, e unge os seios
Com o bálsamo do amor; que ao vício, ao crime,
Agita, impele, anima, e que à virtude
Lá dá consolações — que beija as frontes
De povo e rei, de nobre e de mendigo;
E embala a flor, e eleva as grandes vagas;
Que tem lugar, no seio, para todos;
Que está no rir, e está também nas lágrimas,
E está na bacanal como na prece!...

Eis a Vida! O festim que Deus, no mundo,
Para os homens armou! para seus filhos!
Forma mais pura do Universo augusto!
Da lira universal nota mais alta!
Do chão do infinito seara ardente!
Quando os orbes de luz, que andam na altura,
Sentem a face, às vezes, enublar-se
E o seio lhes revolve íntima mágoa,
É que nessa hora uma ânsia de venturas,
De amor mais vasto, de mais bela forma,
Uma aspiração vaga os acomete...
Pedem a Deus que estenda a mão piedosa
E os erga à luz maior, à luz do espírito,
E têm inveja ao homem, porque *vive*!

Da árvore do Eterno pendem frutos,
E frutos aos milhões — estrelas, astros,
Formas e criações que nem se sonham —
Mas só onde seus ramos se mergulham
No espírito vital do infinito,
Só onde o ar puríssimo do Belo
Lhe beija as franças últimas — somente
Lá se abre o lírio augusto, o lírio único,
A flor dos mundos, que se chama Vida!

Inundação de crenças... e dilúvio
De dúvidas fatais! hino de glórias...
E rugido feroz! Se és fera, toma
A parte dos rugidos — e, se és homem,
Ergue ao céu tua face, e entoa os hinos!
Se há valor em teu peito, corta as águas,
Nadando, desse mar de infindas dúvidas:
Ergue-te, luta, arqueja, precipita-te,
Deixa as ondas lavar-te o corpo, ou dar-te
A pancada da morte — mas sê homem!
Sê grande sempre! e, ou Satã ou Anjo,
Blasfema ou exulta... mas não desças nunca!

Porque descer é morte, é sombra, é nada!
É a pedra que dorme: é lodo escuro
Que sombrio fermenta! A alma, se é espírito,
É por que à farta possa encher, crescendo,
O espaço todo e todo o ar infindo!
E, bela ou triste, horrível ou sublime,
Santa ou maldita, a vida é sempre *grande*!

Rocha por onde os tempos vão seguindo
No caminho que os leva ao infinito...
É tão vasta, que os séculos marchando
Com passos de gigante, há milhões de evos,
Não puderam ainda ver-lhe o termo,
Não puderam gastá-la um pouco, apenas!
É tão fundo esse mar, é tão fecundo,
Que os homens todos, que há milhões de séculos

Nascem da espuma e vêm encher as praias,
Bebendo a longos tragos, não puderam
Fazê-lo inda baixar, sequer um palmo!
....
E não vos chega para vós? Os tempos
Deixaram cheia aquela taça imensa...
E estes três homens já lhe vêem o fundo!
As idéias serenas e os combates
Da eterna liberdade; o amor e as lutas
E as dores da verdade; as doces lágrimas
E os rugidos altivos; o que os sábios
Nos ensinam, e quanto o olhar ingênuo
Da mulher nos revela — tudo, tudo,
Tudo isto, nos banquetes da existência,
É um bocado apenas para a boca
Destes Titãs imensos... de seis palmos!
....

Por que é que combateis? O mundo é vasto!
Dá para todos — todos, no seu pano,
Podem talhar à farta e à larga um manto
Com que cobrir-se... e que inda arraste... É vasto!
Erguei somente os olhos! alongai-os
Pelo horizonte! e, além desse horizonte,
Há mil e mil como este!
                              Se vós tendes
O olhar fito nos pés, aonde a sombra
Em volta de vós mesmos gira apenas,
O que podeis saber desse Universo?!
Não há olhos que contem tantos orbes!
E cada um desses mundos tem mil vidas!
E cada vida tem milhões de afetos,
De paixões, de energias, de desejos!
Cada peito é um céu de mil estrelas!
Cada ser tem mil seres! mil instantes!
E, em cada instante, as criações transformam-se!
E coisas novas a nascerem sempre!

Descei, descei o olhar ao próprio seio!
Como num espelho, esse Universo todo

Reflete-se lá dentro! é como um caos
Donde, ao *fiat*[1] ardente da vontade,
Podem surgir as criações aos centos.
Podeis tirar daí a luz e a treva!
Podeis tirar o bem, e o mal, e o justo,
E o iníquo, e as paixões torvas da terra,
E os desejos do céu!

                      Pois não vos chega?

Assim queirais viver, que há muita vida!
....
Alexandre! Alexandre! és tu que choras
Não haver já mais mundo que conquistes...
E sais daqui, ó triste! sem ao menos
Ter olhado uma vez dentro em tua alma!
Alexandres inglórios! toda a terra
Acabou, onde a vista vos alcança!
Correis... correis... correis... atrás de um átomo...
E ides deixando, ao lado, os universos!
....
Mas vós não vedes nada disto! nada!
E quereis aos homens ensinar a vida?!

1863

---

[1] "Faça-se", em latim. (N. do E.)

VI
Diálogo

A cruz dizia à terra onde assentava,
Ao vale obscuro, ao monte áspero e mudo:
— Que és tu, abismo e jaula, aonde tudo
Vive na dor, e em luta cega e brava?

Sempre em trabalho, condenada escrava,
Que fazes tu de grande e bom, contudo?
Resignada, és só lodo informe e rudo;
Revoltosa, és só fogo e hórrida lava...

Mas a mim não há alta e livre serra
Que me possa igualar!... amor, firmeza,
Sou eu só: sou a paz, tu és a guerra!

Sou o espírito, a luz!... tu és tristeza,
Ó lodo escuro e vil! — Porém a terra
Respondeu: Cruz, eu sou a natureza!

1870

VII
Luz do sol, luz da razão

(Resposta à poesia de João de Deus, "Luz da fé")

Tu, sol, é que me alegras!
A mim e ao mundo. A mim...
Que eu não sou mais que o mundo,
Nem mais que o céu sem fim...

Nem fecho os olhos baços
Só porque os fere a luz...
Ergo-os acima — e embora
Cegue, recebo-a a flux!

Crepúsculos são sonhos...
E sonhos é morrer...
Sonhar é para a noite:
Mas para o dia, ver!

Sim, ver com os olhos ambos,
Com ambos devassar
Os astros nessa altura.
E os deuses sobre o altar!

Ver onde os pés firmamos,
E erguemos nossas mãos!
E quer nos montes altos,
Quer nos terrenos chãos,

É sempre amiga a terra
E é sempre bom viver,
Se a terra à luz da aurora
E a vida ao amor se erguer!

Em toda a parte as ondas
Desse infinito mar,
Por mais que andemos longe,
Nos podem embalar!

Em toda a parte o peito
Sente brotar a flux,
E sempre e à farta, a vida...
Vida — calor e luz!

Nos seixos dessas praias,
Se o sol lá lhes bater,
Num átomo de areia,
Deus pode aparecer!

Bata-lhe o sol de chapa,
E um deus se vê também
No pó, tornado um astro
Como esses que o céu tem!

Desprezos para a terra?!
Também a terra é céu!
Também no céu a impele
O amor que a suspendeu...

E quem lá desse espaço
Brilhar ao longe a vir
Dirá que é paraíso
E um éden a sorrir!

Embaixo! o que é *embaixo*?
Embaixo estar que tem?
Ninguém à eterna sombra
Nos condenou! ninguém!

Se até nos surdos antros,
Nas covas dos chacais,
Penetra o sol, vestindo-os
Com raios triunfais!

Se ao céu até se viram
As bocas dos vulcões...
E têm os próprios cegos
Um céu... nos corações!

Não! não há *céu* e *inferno*:
Divino é quanto é!
Para que a rocha brilhe,
Basta que o sol lhe dê...

Basta que o sol lhe beije
As chagas que ela tem,
E a morta dessa altura,
A lua, é sol também!

E as trevas da nossa alma,
A nossa cerração,
Oh! como as desbarata
A aurora da razão!

Mas se a razão, surgindo,
Nossa alma esclareceu,
Também tu, sol, no espaço
Surges, razão do céu...

Por isso é que me alegras,
Ó luz, o coração!
Por isso vos estimo...
Tu, sol, e tu, razão!

1865

VIII
Et coelum et virtus[1]

(A Jaime Batalha Reis)

Dizem profetas, que esse céu perscrutam,
Que, às noites, entre as trevas condensadas,
Se tem visto brilhar ígneas espadas,
Como d'anjos hostis que entre si lutam...

E dizem que, na orla do infinito,
Entre os astros, se vê errar sem tino
Um espectro que traz fulgor divino,
Como o vulto dum deus triste e proscrito...

Entre os sóis passa o espectro gemebundo,
Murmurando *morramos!* aos sóis vivos,
E empena o brilho aos astros primitivos
De sua boca o alento moribundo...

Onde passou fez-se silêncio e escuro.
Seu manto sepulcral varre os espaços,
E arrasta, entre os celestes estilhaços,
A crença antiga e os germens do futuro!

---

[1] "O céu está onde está a virtude", em latim (Lucano, 39-65, poeta). (N. do E.)

Ó crença antiga! ó velho firmamento!
Como as almas vacilam e baqueiam!
E as lúcidas plêiadas volteiam,
Como a poeira que levanta o vento!

....
....

Mas quando o largo céu da crença avita
Desaba com fragor e espanto e treva,
E a luz, a paz, a fé, tudo nos leva
Nas ruínas da abóbada infinita;

Quando um sopro fatal nos *deuses vivos*
Toca e em cinzas desfaz seus frios vultos,
E se ergue aquela voz cheia de insultos
Que brada aos deuses pálidos: "sumi-vos!"

Homens de pouca fé! não tenhais susto:
Fecunda é essa treva e essa ruína...
Palpita nesse pó vida divina...
Rebentam fontes do areal adusto...

Sim, podeis crer, ó gente pouco calma:
Não se aluiu no abismo este universo,
Se entre as cinzas de Deus e o pó disperso
Ficou de pé, heróica e firme, uma alma!

Quem bem souber olhar verá no fundo
Dessa alma forte outro infinito erguer-se...
Em espaços ideais verá mover-se
Um Deus sem nome, ignoto ao velho mundo...

Verá, do interno caos, constelada,
Surgir criação nova e palpitante,
Ao sopro ardente, à voz clara e vibrante
Do espírito de vida que ali brada...

Verá, por um céu novo, novos sóis
Que em novo firmamento o vôo desprendem;

E astros de luz estranha, que se acendem
Na consciência estrelada dos heróis!

1870

IX
Tentanda via[1]

I

Com que passo tremente se caminha
Em busca dos destinos encobertos!
Como se estão volvendo olhos incertos!
Como esta geração marcha sozinha!

Fechado, em volta, o céu! o mar, escuro!
A noite, longa! o dia, duvidoso!
Vai o giro dos céus bem vagaroso...
Vem longe ainda a *praia do futuro*...

É a grande incerteza, que se estende
Sobre os destinos dum porvir, que é treva...
É o escuro terror de *quem* nos leva...
O fruto horrível que das almas pende!

A tristeza do tempo! o espectro mudo
Que pela mão conduz... não sei aonde!
— Quanto pode sorrir, tudo se esconde...
Quanto pode pungir, mostra-se tudo. —

Não é a grande luta, braço a braço,
No chão da Pátria, à clara luz da História...
Nem o gládio de César, nem a glória...
É um misto de pavor e de cansaço!

---

[1] "Tentar um caminho", em latim (Virgílio, 70-19 a.C., poeta). (N. do E.)

Não é a luta dos *trezentos bravos*,
Que o solo amado beijam quando caem...
Crentes que traz um Deus, e à guerra saem,
Por não dormir no leito dos escravos...

É a luta sem glória! é ser vencido
Por uma oculta, súbita fraqueza!
Um desalento, uma íntima tristeza
Que à morte leva... sem se ter vivido!

Não há aí pelejar... não há combate...
Nem há já glória no ficar prostrado —
São os tristes suspiros do Passado
Que se erguem desse chão, por toda a parte...

É a saudade, que nos rói e mina
E gasta, como à pedra a gota d'água...
Depois, a compaixão, a íntima mágoa
De olhar essa tristíssima ruína...

Tristíssimas ruínas! Entristece
E causa dó olhá-las — a vontade
Amolece nas águas da piedade,
E, em meio do lutar, treme e falece.

Cada pedra, que cai dos muros lassos
Do trêmulo castelo do passado,
Deixa um peito partido, arruinado,
E um coração aberto em dois pedaços!

II

A estrada da vida anda alastrada
De folhas secas e mirradas flores...
Eu não vejo que os céus sejam maiores,
Mas a alma... essa é que eu vejo mais minguada!

Ah! via dolorosa é esta via!
Onde uma Lei terrível nos domina!

Onde é força marchar pela neblina...
Quem só tem olhos para a luz do dia!

Irmãos! irmãos! amemo-nos! é a hora...
É de noite que os tristes se procuram.
E paz e união entre si juram...
Irmãos! irmãos! amemo-nos agora!

E vós, que andais a dores mais afeitos,
Que mais sabeis à Via do Calvário
Os desvios do giro solitário,
E tendes, de sofrer, largos os peitos;

Vós, que ledes na noite... vós, profetas...
Que sois os loucos... porque andais na frente...
Que sabeis o segredo da fremente
Palavra que dá fé — ó vós, poetas!

Estendei vossas almas, como mantos
Sobre a cabeça deles... e do peito
Fazei-lhes um degrau, onde com jeito
Possam subir a ver os astros santos...

Levai-os vós à Pátria-misteriosa,
Os que perdidos vão com passo incerto!
Sede vós a coluna do deserto!
Mostrai-lhes vós a Via-dolorosa!

III

Sim! que é preciso caminhar avante!
Andar! passar por cima dos soluços!
Como quem numa mina vai de bruços,
Olhar apenas uma luz distante!

É preciso passar sobre ruínas,
Como quem vai pisando um chão de flores!
Ouvir as maldições, ais e clamores,
Como quem ouve músicas divinas!

Beber, em taça túrbida, o veneno,
Sem contrair o lábio palpitante!
Atravessar os círculos do Dante,
E trazer desse *inferno* o olhar sereno!

Ter um manto da casta luz das crenças,
Para cobrir as trevas da miséria!
Ter a vara, o condão da fada aérea,
Que em ouro torne estas areias densas!

E, quando, sem temor e sem saudade,
Puderdes, dentre o pó dessa ruína,
Erguer o olhar à cúpula divina,
Heis de então ver a *nova-claridade*!

Heis de então ver, ao descerrar do escuro,
Bem como o cumprimento de um agouro,
Abrir-se, como grandes portas de ouro,
As imensas auroras do Futuro!

1864

X
Mais luz!

(A Guilherme de Azevedo)

> Lasst mehr Licht hereinkommen![1]
> Últimas palavras de Goethe

Amem a noite os magros crapulosos,
E os que sonham com virgens impossíveis,
E os que se inclinam, mudos e impassíveis,
À borda dos abismos silenciosos...

Tu, lua, com teus raios vaporosos,
Cobre-os, tapa-os, e torna-os insensíveis,
Tanto aos vícios cruéis e inextinguíveis,
Como aos longos cuidados dolorosos!

Eu amarei a santa madrugada,
E o meio-dia, em vida refervendo,
E a tarde rumorosa e repousada.

Viva e trabalhe em plena luz: depois,
Seja-me dado ainda ver, morrendo,
O claro sol, amigo dos heróis!

1872

---

[1] "Deixem entrar mais luz", em alemão. (N. do E.)

LIVRO SEGUNDO

Ca he visto, dice, senõr, nuevos yerros
La noche passada hacer los planetas,
Con crines tendidos arder los cometas
Y dar nueva lumbre las armas e hierros...
Ladrar sin herida los canes y perros,
Triste presagio hacer de peleas
Las aves noturnas y las funereas
Por essas alturas, collados y cerros![1]

JUAN DE MENA, *Laberinto*

---

[1] "Vi, senhor — disse ele —, de outros modos errarem/ A noite passada os planetas,/ Com crinas estendidas arderem os cometas/ E darem nova luz as armas e os ferros.../ Ganirem sem ferida os cães,/ Triste presságio fazerem de lutas/ As aves noturnas e funéreas/ Por essas alturas, colinas e montanhas", em espanhol. (N. do E.)

I
Tese e antítese

I

Já não sei o que vale a nova idéia,
Quando a vejo nas ruas desgrenhada,
Torva no aspecto, à luz da barricada,
Como bacante após lúbrica ceia!

Sanguinolento o olhar se lhe incendeia...
Aspira fumo e fogo embriagada...
A deusa de alma vasta e sossegada
Ei-la presa das fúrias de Medéia!

Um século irritado e truculento
Chama à epilepsia pensamento,
Verbo ao estampido de pelouro e obus...

Mas a idéia é num mundo inalterável,
Num cristalino céu, que vive estável...
Tu, pensamento, não és fogo, és luz!

II

Num céu intemerato e cristalino
Pode habitar talvez um Deus distante,
Vendo passar em sonho cambiante
O Ser, como espetáculo divino:

Mas o homem, na terra onde o destino
O lançou, vive e agita-se incessante...
Enche o ar da terra o seu pulmão possante...
Cá da terra blasfema ou ergue um hino...

A idéia encarna em peitos que palpitam:
O seu pulsar são chamas que crepitam,
Paixões ardentes como vivos sóis!

Combatei pois na terra árida e bruta,
Té que a revolva o remoinhar da luta,
Té que a fecunde o sangue dos heróis!

1870

II
Secol' si rinuova[1]

(Ao Sr. J. P. Oliveira Martins)

I

Não sei que pé, na estrada do Infinito,
Vai andando, não sei! mas as Cidades
E os Templos e, nos altos minaretes,
A Meia-Lua, e a Cruz nas altas torres,
E os Castelos antigos e os Palácios,
— Tudo quanto aí estava edificado
E assente como a rocha sobre o monte —
Tudo sente pavor e se perturba
E sem tremor pressago de ruína
E se escurece e teme...

                        Das alturas
Do passado, olha o abismo do futuro
E, vendo-o a vez primeira tão cavado,
Tão lívido por baixo e, por instantes,
Cortado de relâmpagos... anseia
E tem vertigens de atirar-se ao pego!

A ossada das Babéis do mundo antigo
Gemeu — e viu-se então esse esqueleto,
À luz de incêndio estranho, conchegando,

---
[1] "O tempo se renova", em italiano. (N. do E.)

Como se fosse carne aos ossos, restos
Da mortalha de púrpura d'outrora...
Mas os vermes roeram-lhe a mortalha
E bem se vê a ossada nua...

II

Anseiam
Por encobrir essa nudez aos olhos,
Ou por cegar então os olhos todos!

Porque se, um dia, os pés dessas estátuas
Se virem ser de barro e não de bronze;
Se se vir que os *Jardins de Babilônia*
Estão suspensos por uns débeis fios,
E não assentes sobre pedra e abóbada;
Se se vir que as colunas desse templo
Não são mármore rijo, mas formadas
De uns troncos velhos meios podres, e o Ídolo
Se conhecer que já não faz milagres...
Em verdade, em verdade, que há de ouvir-se,
Sobre a face da terra, ao Sul e ao Norte,
Erguer-se, como o vento das tormentas,
E voar, como relâmpago nas ondas,
Bem estranho clamor — misto de choros
E imprecações e súplicas e brados
E ódios, tudo a rugir!... e muita escama
Há de aos olhos cair... e muita fronte
Que beija o pó há de entestar co'as nuvens!

Muito machado de aço, que anda agora
Cortando na floresta o cedro e o sândalo
Para a pira dos ídolos, quem sabe
Se não há de voltar talvez o gume
Contra esses pés mirrados do esqueleto?
Muitos braços, que puxam hoje ao carro,
Quem nos diz que não hão de, enfim quebrando
As algemas servis, precipitá-lo?
E muitas postas mãos em prece humilde,

Talvez erguer-se e dar na cara ao morto?
E muito lábio, que murmura a súplica,
Abrir-se enfim para escarrar o ultraje?
E muito olhar tremente soltar chamas?
E muitos curvos ombros, que acarretam
O ouro em pó e incenso e mirra, ainda
Quem o sabe? talvez ir-se de encontro
À base da estátua — e derrocá-la?

III

Eu tenho visto a pedra, desprendida
Da montanha, levar meia floresta
Na carreira — e não há de esse granito
Colossal, que é o Povo, despregado
Por mãos do tempo, com trabalho imenso,
Ao rolar no declive da história
Esmagar, ao correr, os troncos secos
E o mirrado ossuário do passado?
Não há de o solo heróico, que se agita,
Lançar ao ar castelos e cidades?
Há de abrir-se o vulcão só por que atire
Um só jato de fumo e cinza apenas?
E a alma dos homens há de entrar nas dores
De um parto crudelíssimo, e volver-se
Num leito de torturas, por que o feto
Predestinado, a pálida Esperança,
Fruto de mil angústias, em chegando
A ver a luz se chame *desespero*?

Eles sabem que não. Sabem que o oceano,
Chamado humanidade, gasta séculos
A revolver, lá dentro em si, uma idéia;
Mas que, se um dia chega a vê-la clara,
A frase com que a deita ao mundo é o estrondo
Da tormenta... e é seu *verbo* o cataclismo!

IV

Eles sabem e temem. —
                Como ovelhas,
A quem faro de lobos pôs espanto,
Uniram-se formando um grande círculo.

'Stá no centro o *Pastor* — báculo de ouro
Por fora, mas por dentro ferro todo!
Em volta do cajado da legenda
(Como em volta ao bordão do Sete-estrelo
As estrelas do céu) é que se juntam
As estrelas fatais da treva humana.
Os que trazem na mão a cruz de Cristo
(Onde a Cristo pregaram!) e os que apertam
Com o guante ferrado a cruz da espada!
Os que do peito humano fazem cunho
E, vazando-lhe prantos, lhes sai ouro!
Os cabos do exército traidores,
Porta-bandeiras que o pendão venderam;
Que, vendo na auriflama esta palavra
Justiça escrita, vão (línguas de víbora)
Lambendo a letra de ouro, e a baba horrível
Deixa bordado a fio de peçonha
O mote deles *Interesse!* os *sábios*
Que andam tapando o sol co'a capa negra!
Os Cains, que subindo sobre a espádua
Dos irmãos, lhes deixaram cada ombro
— Marca de servidão — beijo do inferno —
Ferido dos sapatos tauxiados!
Os leprosos que põem ouro nas chagas!
Os que vendem a Cristo cada dia,
E o renegam três vezes cada noite!
Os herdeiros do Abuso! os feudatários
Do Crime! os titulares da Ignomínia!
Eis do inferno o rebanho, que obedece
A um Pastor... herdeiro da Serpente!

V

São estes que fizeram de cadáveres
O grande monte do Passado: estes
Que de ossadas fizeram os castelos
E os púlpitos e os tronos — e fizeram
De prantos óleo santo e água benta...

São estes que fizeram da cruz negra
Do mau ladrão sinal com que se absolvem
Entre si: e, deitando a *toga preta*
Pelo espaço, fizeram Firmamento;
E chamaram, ao sol, escuridade;
E, ao pensamento, lepra; e à ignorância
Elevaram altar; e à ignomínia
Chamaram dignidade; e andam pedindo
Esmola para a Treva; e querem do homem
As lágrimas, apenas... com que reguem
Do seu jardim roubado as negras flores!

VI

E, entanto, sabem (quem tem olhos vê-o...
Vê com espanto!) que o tremor do solo
É largo e vem de longe; e que há no espaço,
Fora do mundo, mão que impele as coisas
E, como onda, as agita a ir de encontro
À *cidadela das ruínas*! Sentem
Já sobre o coração um frio horrível...
E, olhando em volta, vêem pelo escuro
Vir essa negra mão, que traz erguida
A espada flamejante do Destino!

Vêem... e lutam! Deus é que eles tentam
E ao Destino é quem eles desafiam!
Mas têm medo — os cobardes — porque mentem
E não sabem bradar, olhando os astros,
"Nós cá somos o Mal... guerra de morte!"

Não sabem — mentem — dizem que o Passado
Era urze fraquinha que a Revolta,
Bem como golpe de alvião valente,
De uma vez arrancou. Fazem-se humildes
E, como o canavial, vergam gemendo...
E dizem *meu irmão* a cada inseto...
E querem ver se enganam a Verdade...
E querem ver se Deus lhes cai no laço!

VII

O Passado! essa larva macilenta,
Misto de podridão, tristeza e sombras,
Se morreu... ressurgiu do seu sepulcro!
Bem o vemos andar, pavonear-se
Entre nós, nos vestidos ilusórios
Da triste morte, arremedando a vida,
Passar — e sobre a fronte desse espectro
Bem se vê uma sombra de tiara
Ou de coroa, ao longe, branquejando!

Mudou de roupa — mas o corpo ainda
É o mesmo... é pior, que cheira à cova!

O castelo feudal tinha raízes
Bem fundas nesse chão: e a árvore heráldica,
Antes que a decepassem, alastrou-se
Subterrânea e botou rebento ao longe...
Se a regou tanto sangue e tanta lágrima!
Tem muita vida ainda a árvore negra...

O velho mundo, a Babilônia antiga,
— Leviatã dos tempos — tem amarras
De ferros colossais que à praia o ligam:
Cada fuzil é um abuso; a âncora
É a inércia das gentes; e é o interesse
A rocha a que se prende. Ri dos ventos
E julga-se seguro... mas um dia
Há de estalar... e então! então o oceano

Terá pouca fundura para a cova
E poucas ondas a deitar-lhe em cima!

VIII

O novo mundo é todo uma alma nova,
Um homem novo, um Deus desconhecido!

No nosso sangue há glóbulos legados
Pelo mistério das idades idas:
Há toda a podridão da árvore antiga,
Legada ao gérmen da árvore futura...

Há o espírito e a forma. A *Autoridade*,
Esse mistério, espada de Dâmocles,
Essa nuvem sombria onde se escondem
O Senhor do Sinai e as doze-tábuas:
A rede de mil fios, que atirando
Uma ponta à família, em mil meandros
Vai, desce, sobe, some-se, aparece,
Té que prende ao trono a última ponta,
Onde a Águia-bifronte os fios une!

Há o *Terror* — a nuvem das alturas
Trazida para aqui (ou aqui formada);
Raio de luz do eterno santuário
Metido no candil destes Diógenes!
Uma ponta do véu azul do augusto
Cobrindo a fronte cínica do eunuco!
Deus — o segundo termo do dilema
Sempre apontado ao peito, como seta!
Não se poder andar, correr os campos,
Sem que, de um canto escuro, um vulto negro
Nos brade logo "arreda! aqui começa
O domínio do céu — atrás, profano!"

O pensamento livre e iluminado
Metido ao canto dessa jaula negra
De *pedra e ferro!* o céu sempre na terra!

A *tenda do deserto* em mil retalhos
Partida! e a onda do mar pulverizada!
....
Há de que perguntar por que é que os astros
Se põem a olhar assim com tal carinho
Para aqui, e temer que o sol, um dia,
Revolvendo o que viu, fuja no espaço
Ou se apague co'as lágrimas choradas...
Porque isto é baço e isto é atroz!

IX

      Entanto,
Da História o solo trágico, regado
Com o sangue dos tempos, anda em dores
Concebendo um mistério — porque dentro
Em seu seio, num rego tenebroso,
Não sei que mão deitou uma semente
Escura mas divina, a do Futuro!

X

Há de crescer até ao céu essa árvore!
Há de vingar! o bafo, o ar que respira,
É o Desejo do homem, essa eterna
Aspiração, essa atmosfera ardente
Aonde bebe vida quanto há grande,
Quanto de novo e estranho à luz se eleva!

Há de crescer essa árvore divina!
Porque as raízes dela vão, na sombra,
Buscar a vida às duas largas fontes,
Verdade e Amor — e a seiva que a alimenta
É a Idéia... e é o chão a Humanidade!

XI

Deixá-la ir! Os vermes que a rodeiam
Querem comer-lhe o tronco — estes insetos
São audazes... por quê? porque são cegos!
Hão de gastar os dentes nessa lida;
Hão de gastar, depois, ainda a cabeça;
Hão de por fim gastar o corpo todo!

E ela como se vinga?
                    A essa poeira
Escura, que deixaram quando extintos,
Lá irá procurá-la co'as raízes,
E transformá-la em seiva; e dessa seiva
Fazer ou folha ou ramo ou flor, acaso,
E, generosa, ao sol do belo erguê-la
Que veja, ao menos uma vez, os astros!

Eles são fortes — eles têm o Mundo:
Ela, por si, apenas tem... o Espírito!

1863

III

Como o vento às sementes do pinheiro
Pelos campos atira e vai levando...
E, a um e um, até ao derradeiro,
Vai na costa do monte semeando:

Tal o vento dos tempos leva a Idéia,
A pouco e pouco, sem se ver fugir...
E nos campos da Vida assim semeia
As imensas florestas do porvir!

1864

IV
Justitia mater[1]

Nas florestas solenes há o culto
Da eterna, íntima força primitiva:
Na serra, o grito audaz da alma cativa,
Do coração em seu combate inulto:

No espaço constelado passa o vulto
Do inominado alguém, que os sóis aviva:
No mar ouve-se a voz grave e aflitiva
Dum deus que luta, poderoso e inculto.

Mas nas negras cidades, onde solta
Se ergue de sangue medida a revolta,
Como incêndio que um vento bravo atiça,

Há mais alta missão, mais alta glória:
O combater, à grande luz da história,
Os combates eternos da justiça!

1870

---

[1] "Mãe justiça", em latim. (N. do E.)

V
No Templo

I

O Povo há de inda um dia entrar dentro do Templo.
E há de essa rude mão erguer-se sobre o altar;
E há de dar de piedade um grande e novo exemplo,
E, ao púlpito subindo, o mundo missionar.

Heis de essa voz solene ouvir — na nave augusta
O canto popular ao longe soará;
E a pedra, carcomida às mãos do tempo e adusta,
Ansiosa palpitando, o hino escutará!

O Povo há de fazer-se, então, bispo e levita;
E será *missa-nova* a missa que disser:
E há de achar ao sermão por tema o que medita
Hoje confuso e está na mente a revolver.

Então, por essa imensa abóbada soando.
Há de correr o som de um órgão colossal;
E uma outra cruz no altar, outro esplendor lançando,
Há de radiar luz nova às letras do missal.

Dia santo há de ser esse de festa estranha!
Com a calosa mão o Povo toma a cruz,
Amostra-a à multidão e — Cristo na Montanha —
Missiona... e a fronte, entanto, inunda-se de luz!

Então o seu olhar será como o espelho
Doce, que o filho tem no olhar de sua mãe:
E, tendo numa mão erguido o Evangelho,
Com a outra aponta ao longe o vago espaço, além...

II

Ninguém o dia sabe ao certo: entanto, vemos
Pelos sinais do céu que a *aurora* perto está...
Pelas constelações é que esse espaço lemos...
A *estrela do pastor* desmaia... Ei-lo vem já!

....

Sabeis que *missa nova* essa é que diz o Povo?
E o órgão colossal que, em breve, vai soar?
Qual é o novo altar e o Evangelho novo?
E o tema do sermão que às gentes vai pregar?

O Evangelho novo é a bíblia da Igualdade:
Justiça, é esse o tema imenso do sermão:
A missa nova, essa é missa de Liberdade:
E órgão a acompanhar... a voz da Revolução!

1864

VI
Palavras dum certo morto

Há mil anos e mais que aqui estou morto,
Posto sobre um rochedo, à chuva e ao vento:
Não há como eu espectro macilento,
Nem mais disforme que eu nenhum aborto...

Só o espírito vive: vela absorto
Num fixo, inexorável pensamento:
"Morto, enterrado em vida!" o meu tormento
É isto só... do resto não me importo...

Que *vivi* sei-o eu bem... mas foi um dia,
Um dia só — no outro, a Idolatria
Deu-me um altar e um culto... ai! adoraram-me

Como se *eu* fosse *alguém*! como se a Vida
Pudesse ser *alguém*! — logo em seguida
Disseram que era um Deus... e amortalharam-me!

1873

VII
Aos miseráveis

I

Vós vedes esses *lobos carniceiros*,
Que em volta dos *redis* andam bramindo?
Que onde se espalha o sangue são primeiros,
E últimos onde o Amor está sorrindo?
Tremeis de medo ao vê-los? ou, rasteiros,
Da vista deles vos andais sumindo?
Ou, cheios de ódio, estais a invejá-los?
Pois, em verdade, que é melhor chorá-los!

Eles não vêem deste grande mundo
Mais que os tetos dourados de seus paços...
Vós tendes todo o céu largo e profundo
Por teto, e por palácio esses espaços!
O que Deus dá a todos... o fecundo...
Que não se nega aos mais mirrados braços...
O brado que de um peito amado sai...
E o que do olhar das mães n'alma nos cai...

A herança é bela, miseráveis! vede...
Miseráveis! Por quê? Porque no estio
Só piedoso olhar vos mata a sede?
Porque, quando tremeis de fome e frio,
Deus só seio de amigo vos concede?
Só tendes a esperança, como rio,
Para banhar-vos no maior calor?
Eles têm tudo... só lhes falta o Amor!

Nem têm Inteligência! a que vem d'alma!
Esse grande entender da Grande Cousa!
Cacho nascido na mais alta palma!
Coroa de quem *crê* e de quem *ousa*!
Sangue de irmãos a sede lhes acalma...
Dão banquetes no mármore da lousa...
É saber isto? é isto Inteligência?
Não! que o Bem é o perfume dessa essência!

A cânfora... a balsâmica resina...
A essência que distila sobre os Povos,
Na fronte deles, como unção divina...
Quando o tronco deitou rebentos novos,
E palpitou a ave pequenina
Por um leve rumor dentro em seus ovos,
Então caiu também da imensidade,
Sobre a fronte dos povos, a Verdade!

É Ela, que ressalta, como lume,
Do choque das idéias e das cousas!
Não há grilhões que a prendam... que os consume!
Nem campa... que ela estala as frias lousas!
Machado de aço fino, com o gume
A árvore decepou onde te pousas
Tu, negro mocho da Hipocrisia,
E tu, águia fatal da Tirania!

II

Derruba com seu pé tronos erguidos,
Com um sopro, no pó lança os castelos,
E aos *vermes* que na sombra vão sumidos
É a quem ela chama filhos belos!
Os cometas, que ao ar andam subidos,
Fez cair... e tomando uns alvos velos
Pálidos e trementes, a Verdade
Com eles construiu trono e cidade!

Nós vimos esse deus e a nossa boca,
Não sabendo quem é, chamou-lhe Idéia:
Num dia faz-se nada, e a si se apouca...
No outro o mundo envolveu na imensa teia!
Pareceu bem minguada e coisa pouca,
Quando com Cristo se assentou à ceia...
No outro dia chamava-se Martírio...
Alma depois... Depois chamou-se Empíreo!

Vai indo e vai varrendo a casa imunda
Que se chama *passado* — e faz o *novo*
Da poeira, inda ontem infecunda,
E que já amanhã se chama Povo.
É ela quem destrói e quem inunda;
E, entre as ruínas, faz chocar um ovo
Onde se agita um feto, hoje inda escuro,
Mas que é aurora e luz... porque é Futuro!

É gosto ver os tronos abalados
Por essa férrea mão, e ver os cultos
Por terra, e entre os altares alastrados,
Ver sob eles no pó deuses sepultos!
Ver os nomes dos *grandes* apagados,
E as sombras dos *heróis* cheias de insultos...
Porque esse sopro que o incêndio atiça,
E essa mão e esse braço... é a Justiça!

A Justiça flameja como a espada
Do arcanjo invisível — resplandece
Como a chama dos fogos ateada,
Que, ao longe, nas montanhas aparece.
Vela à porta dos grandes assentada:
À ruína dos maus é que ela desce:
E tem por trono e sólio soberanos
As assadas comidas dos tiranos!

Ninguém a vê chegar... mas, de repente,
Aparece — e mudou a face às cousas!
Encheu de prantos quem dormiu contente;
Dos felizes sentou-se sobre as lousas;

Do olhar do *forte* fez olhar tremente;
E a ti, ó miserável, que nem ousas
Do chão teus tristes olhos levantar,
Foi quem ela tomou para beijar!

Não são consolações que dê o *acaso*,
São *leis* misteriosas e divinas...
A providência oculta em cada caso...
Presente na ventura e nas ruínas...
O que se achou no fundo desse vaso
Que se libou na vida... as surdas minas
Por onde o incêndio lavra sem ser visto,
Chame-se embora Garibaldi ou Cristo!

III

Ó Justiça! eu sorrio quando encaro
Os semideuses desta terra ingrata,
Que cheios de vaidade e de descaro
Se julgam feitos de ouro e fina prata...
Sorrio ao ver como em seu trono avaro
Cuidam falar com voz de catarata,
E crêem ser na altura uns Sete-estrelos...
Que eu bem sei que Tu hás de subvertê-los!

Os Tronos caem sem acharem eco,
E os deuses morrem sem fazer ruído;
É o Cetro ramo que só fruto peco
Dará, e o Montante de aço buído
Não poda a *vinha*... deixa tudo seco!
Tudo isto morre e vai-se em pó sumido...
Tronos, tiaras, cetros, potestade,
Que pesam na balança da Verdade?

Mas a idéia, que sai da nossa fronte;
E a dor, que irrompe e rasga o nosso peito;
Mas a água, que tem numa alma a fonte;
E o feto, que nasceu todo imperfeito;
E o ai de um triste em solitário monte;

E um pranto maternal em frio leito;
Eis quem pesa no prato da balança
Onde se mede o amor e a esperança!

Esperança! debalde não se sofre!
Ó vós que andais curvados, vede a altura
E dizei-nos se pode dar de chofre
No lodo quem nasceu da formosura?
E espalhar os brilhantes do seu cofre
Entre as urzes, e pobre e em noite escura
Ir curvado sem ver a *coisa-bela*
Quem nasceu para andar de estrela em estrela?

Caminhai para a *estrela da alvorada*
Que vos sorri de lá — não tenhais medo —
Té que se desembrulhe esta meada...
E há de desembrulhar-se, tarde ou cedo!
Miseráveis! segui na vossa estrada
De miséria, segui, com rosto ledo...
É a estrada real de um reino certo!
Vai na frente a *coluna do deserto*!

1863

VIII
A um crucifixo

I

Há mil anos, bom Cristo, ergueste os magros braços
E clamaste da cruz: há Deus! e olhaste, ó crente,
O horizonte futuro e viste, em tua mente,
Um alvor ideal banhar esses espaços!

Por que morreu sem eco o eco de teus passos,
E de tua palavra (ó Verbo!) o som fremente?
Morreste... ah! dorme em paz! não volvas, que descrente
Arrojaras de novo à campa os membros lassos...

Agora, como então, na mesma terra erma,
A mesma humanidade é sempre a mesma enferma,
Sob o mesmo ermo céu, frio como um sudário...

E agora, como então, viras o mundo exangue,
E ouviras perguntar — de que serviu o sangue
Com que regaste, ó Cristo, as urzes do Calvário? —

1862

II
Doze anos depois

Não se perdeu teu sangue generoso,
Nem padeceste em vão, quem quer que foste,
Plebeu antigo, que amarrado ao poste
Morreste como vil e faccioso.

Desse sangue maldito e ignominioso,
Surgiu armada uma invencível hoste...
Paz aos homens e guerra aos deuses! — pôs-te
Em vão sobre um altar o vulgo ocioso...

Do pobre que protesta foste a imagem:
Um povo em ti começa, um homem novo:
De ti data essa trágica linhagem.

Por isso nós, a Plebe, ao pensar nisto,
Lembraremos, herdeiros desse povo,
Que entre nossos avós se conta Cristo.

1874

IX

Por mais que o mundo aclame os vãos triunfadores,
Os que passam cantando e os que passam ovantes,
Os que entre a multidão vão como uns hierofantes,
E os que repartem d'alto, augustos julgadores,
Às turbas o favor e os desdéns cruciantes,

Não há glória ou poder, coisa que o mundo aclame,
Igual à morte obscura, erma, vil, impotente,
D'um homem justo e bom, que expira injustamente
Na miséria, no exílio, ou em cárcere infame,
Mas que aplaude a consciência — e que morre contente!

1873

X
Sombra

(A Raimundo de Bulhão Pato)

Quando Cristo sentiu que a sua hora
Enfim era chegada, grave e calmo,
Sereno se acercou dos que o buscavam.
A turba vinha em armas. Mas, de tantos,
Nem um só se atreveu a dar um passo,
A pôr a mão no Filho do Homem. — Todos
De olhos no chão, as armas encobriam
Ante Jesus inerme.

      Então aquele
Que o tinha de entregar, aproximando-se,
O tomou nos seus braços, murmurando:
Que Deus te salve, Mestre! e, sobre a face
O beijou, como fora contratado:
Então os mais, chegando-se, o prenderam.

Mas Jesus, sem os ver, lhes perdoava:
De olhos no céu, seguia-os sereno.
Era duro o caminho. Sobre um monte
Iam e, dos dois lados, lá embaixo,
Cobria a treva a terra toda.

      Quando,
Porém, sobre o mais alto desse monte
Foram enfim chegados, de repente
Viu-se-lhe uma das faces alumiar-se

De uma luz doce e branda, mas imensa!
E quanta terra, desde o monte ao oceano,
Lhe ficava do lado aonde virada
Lhe estava aquela face, refletindo-a,
Tudo se esclarecia — vale e serra
E a metade do céu — aparecendo
Como em puro luar, ou qual se fosse
Vir nascendo uma aurora desse lado.
E essa face radiante era a que Judas
Não chegara a tocar.

      Porém a outra,
Que ele beijara, conservou-se escura
Como se o crime dele ali guardasse...
Nem dava luz; e o espaço, dessa banda
Onde a virava, era uma noite imensa,
Coberto o horizonte de nevoeiro...
Partido o mundo em dois, essa metade
Era a que se ficara envolta em sombras.
....
....
Foi dessas sombras que se fez a Igreja!

1865

XI
Carmen legis...[1]

I

Muito ruído e pó, e muito escuro!
    É disso que se vestem...
É desse ar que respiram e que vivem...
    Salamandras da sombra!

Chamam-se Bispos, Reis, Imperadores,
    Altos, Grandes e Ricos!
Pairam sobre uma nuvem sobranceira,
    E sobre as nossas frontes!

Agitam-se, revolvem-se, remexem-se...
    Ferem os grandes ecos...
Enchem de bulha e pasmo o universo...
    Põem terror e espanto!

Alevantam o pó de toda a estrada...
    E agitam toda a onda!
Têm o cetro, a tiara, a espada, a bolsa...
    Mandam nos corpos todos!

Vê-os passar a gente, como uns astros,
    E abaixa ao pó a fronte,
Com medo de ser visto e que se abrase
    No rabo do cometa!

---

[1] "Leiam o poema", em latim. (N. do E.)

II

Pois bem! Grandes, Altivos, Poderosos,
    E Cometas da altura,
E Senhores da terra e Semideuses...
    Vós sois o pó e o nada!

Atroadores! o ruído imenso,
    Com que abalais o mundo,
É apenas fracasso e pó e estrépito
    De casa que se alui!

III

O espanto, que espalhais, não vos pertence...
    Não é a vossa força.
É o tremor do solo, é o presságio
    Do grande terremoto!

É o vôo da asa poderosa
    Daquela águia cruenta,
Que vos há de abater, precipitando-vos
    Co'a face contra o solo!

É o eco longínquo das revoltas!
    É o grande rebate!
É o seio do povo, que concebe
    Um feto monstruoso!

É a desilusão! são as escamas
    Caindo desses olhos,
Ao ver de perto os ídolos antigos...
    E achando-os terra e barro!

O nascer da esperança nesses cérebros,
    Que nem dela sabiam!
Modo estranho de olhar o horizonte,
    Ao ver os astros novos!

É a onda, que sobe dos abismos
  E põe à luz a coma...
Que abala... mas que vem lavando tudo...
  E se chama Justiça!

São as vozes, que o ar pávido escuta,
  Que nunca ouvira dantes!
E aos ecos do espaço em vão pergunta
  De donde aquilo sobe!

É a Revolução! a mão que parte
  Coroas e tiaras!
É a Luz! a Razão! é a Justiça!
  É o olho da Verdade!

IV

Quem foi que disse aos povos estas coisas?
  Quem foi que disse ao Servo
Que Deus, quando o criou, no seu registo
  Lhe pôs o nome de Homem?...

E disse que o viver é lei de todos,
  E não só de alguns poucos?
Para tudo beber, o mar? e a terra
  Soco da estátua humana?

Qual é a mão intrépida, que arranca
  De sobre os olhos deles
A venda negra, que amarrara, há séculos,
  A mão do sacerdócio?

Quem é que diz às faces, há mil anos,
  Curvadas sobre a terra,
— "Erguei-vos para o céu! o céu é vosso!
  É essa a vossa herdade!" —?

V

Quem foi? fostes vós mesmos! Impelida
    Por força que não víeis,
A vossa mesma mão foi escrevendo
    Sua própria sentença!

Trabalhais! e mal vedes que trabalho!
    Sois as rodas da máquina
Que a si mesma se está esmigalhando!
    E, Reis e Sacerdotes,

E Levitas do mundo! sois vós mesmos
    Que abris a grande *Porta*,
Por onde há de ruir o mundo todo
    No vosso templo egoísta,

E deitar, sob o altar, as cruzes todas,
    E beber regalado
Esse néctar da vida — a Liberdade —
    No vosso cálix santo,

E esmigalhar, co'a fronte do levita,
    A fronte do seu ídolo!
Vede o que há de sair do horrível choque
    De santo contra santo!

VI

E sabeis vós por quê? Por pouco... apenas,
    Porque o Deus da história
Traduziu, numa lauda do seu livro,
    A tradução estranha,

Que diz, em vez de *rei* — lobo e tirano —
    E em vez de *sacerdócio*,
— Serpente, que se enrosca ao mundo todo —
    E, em vez de *rico* — egoísta —

E ajuntou *senhor* e *escravo*, ambos
    Nesta palavra — Homem —
E *casta* e *privilégio*, traduziu-as
    Ambas por — Igualdade —

E, em vez de *templo* estreito, pôs — espaço
    Imenso e infinito —
E, em vez de *rio*, mar! e, das *migalhas*
    Fez um grande banquete!

E à terra e ao homem, ambos condenados
    À fixidez do mármore,
Deu um sopro gigante, batizando-os
    Com um nome — Progresso —!

VII

Por isso os vossos tronos se racharam,
    E as cruzes vão rolando,
E as libras se derretem como gelo...
    E foi por isto, apenas!

1863

XII

A espada inexorável que flameja
No horizonte dum povo impenitente,
E não poupa, na ameaça indiferente,
Nem tugúrio, nem paço, nem igreja;

O gládio que encoberto peregrino
Ergue, imprevisto, nas humanas liças,
A espada das históricas justiças,
A espada de Deus e do Destino;

De que pensais que é feita? Porventura
Pensais que é feita dum metal terreno,
Cheio de jaça e fezes, e em veneno
Temperado talvez por mão impura?

Que é feita de cobiça e violência?
E de ódios cegos, brutos, truculentos?
De cobardes e falsos pensamentos?
De ultraje, de furor e de demência?

Quanto vos iludis, irmãos! Sabei-o,
Homens de pouca fé! sabei que a espada
Sinistra e em cuja folha esbraseada
Uma palavra em língua estranha eu leio,

Que esse rubro sinal de mudo espanto,
Fixo, pregado ali num céu terrível,
Contínuo, inquebrantável, inflexível
À prece, à ameaça, à dor, ao pranto,

Que essa espada da morte e do pavor
É só feita de Bem inalterável,
De Verdade ideal e impecável...
E que esse açoite é feito só de Amor!

Sabei, povos, que em horas de demência
Amaldiçoais a mão que vos castiga:
Essa inflexível mão é mão amiga,
É a mão paternal da Providência!

1873

XIII
Versos escritos na margem dum missal

Bem pode ser que nossos pés doridos
Vão errados na senda tortuosa,
Que o pensamento segue nos desertos,
Na viagem da Idéia trabalhosa...

Que a árvore da Ciência, sacudida
Com força, jamais deite sobre o chão,
Aos pés dos tristes que ali 'stão ansiosos,
Mais do que o fruto negro da *ilusão*...

Que o livro do Destino esteja escrito
Sobre folhas de lava, em letra ardente,
E não chegue a fitá-lo o olho humano
Sem que se ofusque e cegue de repente...

Pode ser que, na luta tenebrosa
Que este século move sob o céu,
Venha a faltar-lhe o ar, por fim, faltando-lhe
A terra sob os pés, bem como Anteu...

Que do sangue espalhado nos combates,
E do pranto que cai da triste lira,
No árido chão da esperança humana
Mais não nasça que a urze da *mentira*...

Que o mistério da vida a nossos olhos
Se torne dia a dia mais escuro,

E no muro de bronze do Destino
Se quebre a fronte — sem que ceda o muro...

Que o pensamento seja só orgulho,
E a ciência um sarcasmo da verdade,
E nosso coração louco vidente,
E nossas esperanças só vaidade...

E nossa luta, vã! talvez que o seja!
Cego andará o homem cada vez
Que vê no céu um astro! e os passos dele
Errados pelo mundo irão, talvez!

Mas, ó vós que pregais descanso inerte
No seio maternal da ignorância,
E condenais a luta, e dais ao homem
Por seu consolo o dormitar da infância;

Apóstolos da crença... na inércia...
Vós que tendes da Fé o ministério
E sois reveladores, dando ao mundo
Em lugar de um mistério... outro mistério;

Se quanto o Universo tem no seio,
E quanto o homem tem no coração,
O olhar que vê e a alma que adivinha,
O pensar grave e a ardente intuição,

Se nada — em terra e céu — pode ensinar-nos
Do fado humano o imortal segredo,
Nem os livros profundos da ciência,
Nem as profundas sombras do arvoredo,

Se não há mão audaz que possa erguê-lo
O tenebroso véu do Bem e Mal...
Se ninguém nos explica este mistério...
Também o não dirá nenhum missal!

1865

XIV
À Europa

(Durante a insurreição da Polônia, em 1864)

> La Russie c'est le cholera[1]
> MICHELET

Águia da França! que te vejo agora,
Como ave da noite, triste e escura!
Há pouco ainda a olhar o sol — nesta hora
Meia ofuscada ao resplendor da altura!
Subindo sem se ver já quase, outrora,
E, hoje, tombada sobre a rocha dura!
E quem por nome teve já Esperança,
Chamar-se Desalento... Águia da França!

Irmã! Irmã! Irmã! por ti clamaram
Desde o desterro os míseros cativos!
Foi para ti que os olhos levantaram
Queimados da tortura aos lumes vivos!
Foi por ti, foi por ti que eles bradaram
Erguidos do sepulcro e redivivos!
E tu dormes no ninho da confiança?!
São irmãos teus! acorda, águia da França!

Ah! a águia-imperial inda tem asa...
Mas o que ela não tem já é vontade!
Há ainda algum fogo que a abrasa...
Mas não é nem amor nem liberdade!

---

[1] "A Rússia é a cólera", em francês. (N. do E.)

Inda tem garra com que empolga e arrasa...
Mas já não os *véus negros* da verdade!
Porque, abraçando-a, lhe hão roubado a ardência
Dois *amigos*, o Egoísmo e a Prudência!

Ó Prudentes! não sei se mais me ria,
Se mais chore de ver vossa cegueira!
Pois vós, cuidando ter a luz do dia
Nas mãos, tende-las cheias de poeira!
Vós chamais-vos a Ordem, a Harmonia...
Mas, *nos frutos*, qualquer vê que a figueira
Que, em rebentando o estio, não rebenta
É porque apenas sobre a areia assenta!

A areia do Egoísmo! E, se a vaidade
Vos não cegara, veríeis que a semente
Que caiu sobre o chão da Liberdade,
Em vez de ser perdida inutilmente,
Dá, por um grão, milhares. — E, em verdade,
Veríeis tudo isto simplesmente
Se, em vez de ter por lei o *livro escuro*,
Só na Justiça lêsseis o Futuro!

Sim! o Futuro! Vós olhais a um lado
E a outro lado — e vedes o horizonte...
Sabeis como passou quanto é passado,
E que alicerce teve cada monte...
Por vossa mão o mundo está marcado...
Cada mar, cada rio, cada fonte...
Tudo sabeis — a noite e a manhã —
Só vos esquece... o dia de amanhã!

Quando a Águia da Rússia as duas garras
Cravar no coração à liberdade,
Tapando com o vulto as cinco barras
Desse Volga de luz, a humanidade;
Quando, enfim, estalar quantas amarras
A têm lá presa desde a velha idade,
E, tomando co'a sombra toda a altura,
Se estender sobre a Europa a asa escura:

Quando o vento do Norte em nossos prados
Tiver levado com os grãos as flores;
E, soprando nos ermos despovoados,
Semear a seara dos terrores;
Quando, enfim, sobre os sulcos arrasados,
Dormirem com os bois os lavradores;
E só brotar no chão da liberdade —
— Só — a erva da Rússia, a escuridade:

Vós haveis exultar, então, *prudentes*,
E, *sábios*, ver o fruto ao vosso ensino!
E àquele velho conto dos dormentes
Tirar sua moral... que é o Destino!
Então abrindo os olhos, ó *videntes*,
Sobre as cabeças heis de ver a pino
O cometa dos prósperos futuros...
Da negra Rússia sobre os céus escuros!

E, Diplomatas, heis de ler as *notas*
Escritas nas muralhas derrocadas!
E das cidades nas bastilhas rotas
Heis de ver as *razões* ali gravadas!
E haveis de ouvir das bocas mudas, botas,
A *opinião* extrema das espadas!
Lá quando no congresso se assentarem
As Potências da Noite... e concertarem!

Quando um povo se chama, em vez de Gente,
Cólera, peste, vento da Sibéria;
E uma nação é assim coisa impudente
Que, em vez da veste virginal, aérea,
Só tem andrajos com que aos olhos mente,
E é só, no fundo, escravidão, miséria;
E em vez de filho amado traz ao peito
Um monstro informe de hórrido trejeito;

Ó Nações, que dizeis abrir à vida
E à luz os olhos livres... ó Nações!
Quando é com coisa assim, crua e descrida,
Que se vão resgatar as opressões...

Não há voz de justiça — a mais erguida —
Nem tratados, nem notas, nem razões...
Há uma folha só — a da espada —
Para o grande tratado — a cutilada —!

E vós passais a mão sobre as escamas
Do crocodilo... e credes convertê-lo?
Credes ligá-lo com as finas tramas
Da *palavra*, mais frágeis que um cabelo?
Ó homens hábeis, que falais às chamas,
E ao mar bravo co'a voz podeis contê-lo,
Sois uns grandes apóstolos por certo...
Que até andais pregando no deserto!

Apóstolo! mas vede que no mundo
Não há já hoje um só, com este nome,
Sem que lhe apaguem com um riso imundo
O nobre fogo em que arde e se consome!
Quanto vale a *palavra* neste fundo
Poço da Europa de hoje, onde se some
A voz mais alta? quanto vale? olhai!
Inclino o ouvido... Mal escuto um ai!

Apóstolo — é a bombarda da metralha
Estalando as bastilhas dos tiranos!
Apóstolo — é o ferro, quando espalha
O terror sobre os peitos desumanos!
É o clarim no meio da batalha
Tocando a *retirada dos enganos*!
É a mão do Destino, que em seus ninhos
Esmaga a loba velha co'os lobinhos!

Contra a Rússia — a heresia das nações —
Um grande e forte apóstolo de ferro!
Que vá direito dentro aos corações
Com rijo abalo esmigalhar o erro!
Que, em vez da branda voz das orações,
Pregue a sua missão com grande berro!
Não humilde, não doce, como os onze
De Cristo... mas apóstolo de bronze!

Esse, sim! que converta o povo ímpio
Que ao Dagon da matança deu seu culto!
Que lhe faça correr o pranto em fio,
Mas um pranto de sangue! Um rude insulto,
Não palavras de amor a esse Gentio!
Um missionário de tremendo vulto
Que enfim lhe escreva as letras da oração
(Mas com ferro) no duro coração!

Essa é a única voz que se ergue e brada!
Com que pode pregar-se, a essa descrida
Raça de Moabitas, a sagrada
Nova missão de Liberdade e Vida!
Nações da Europa! é ao canhão e à espada
A quem deveis dar a *palavra*. Erguida
Essa voz soará por toda a terra
A doutrinar um Evangelho — a guerra!

Ah! se há ainda olhos para verem,
Em despeito da venda, a luz infinda!
Se há almas juvenis para se erguerem
Com o sublime vôo que jamais finda!
Se há mãos ainda aí para estenderem
À luz da glória um ferro — e se há ainda
Povos livres na terra, e em peitos novos
Há livres corações — à guerra, ó Povos!

1864

XV

Há dois templos no espaço — um deles mais pequeno;
O outro, que é maior, está por cima deste;
Tem por cúpula o céu, e tem por candelabros
A lua ao ocidente e o sol suspenso ao este.

De sorte que quem 'stá no templo mais exíguo
Não pode ver nascer o sol, nem pode ver
As estrelas no céu — que os tetos e as colunas
Não o deixam olhar nem a cabeça erguer.

É preciso abalar-lhe os tetos e as colunas
Por que se possa erguer a fronte até aos céus...
É preciso partir a Igreja em mil pedaços
Por que se possa ver em cheio a luz de Deus!

1864

XVI
Pobres

(A João de Deus)

I

Eu quisera saber, ricos, se quando
Sobre esses montes de ouro estais subidos,
Vedes mais perto o céu, ou mais um astro
Vos aparece, ou a fronte se vos banha
Com a luz do luar em mor dilúvio?
Se vos percebe o ouvido as harmonias
Vagas do espaço, à noite, mais distintas?
Se quando andais subidos nas grandezas
Sentis as brancas asas de algum anjo
Dar-vos sombra, ou vos roça pelos lábios
De outro mundo ideal místico beijo?
Se, através do *prisma de brilhantes*,
Vedes maior o Empíreo, e as grandes palmas
Sobre as mãos que as sustêm mais luminosas,
E as legiões fantásticas mais belas?
E, se quando passais por entre as glórias,
O carro de triunfo de ouro e sândalo,
Na carreira que o leva não sei onde
Sobre as urzes da terra, borrifadas
Com o *orvalho de sangue*, ó homens fortes!
Corre mais do que o vôo dos espíritos?

Ah! vós vedes o mundo todo baço...
Pálido, estreito e triste... o vosso *prisma*
Não é vivo cristal, que o brilho aumenta,

É o metal mais denso! e tão escuro,
Que ainda a luz que vê um pobre cego
Luzir-lhe em sua noite, e a fantasia
Em mundos ideais lhe anda acendendo...
Esse sol de quem já não espera dia...

Ah! vós nem tendes essa luz de cegos!
Quê! subir tanto... e estar cheio de frio!
Erguer-se... e cada vez trevas maiores!
Homens! que *monte* é esse que não deixa
Ver a aurora nos céus? qual é a altura
Que vela o sol em vez de ir-lhe ao encontro?
Que asas são essas, com que andais voando,
Que só às nuvens negras vos levantam?
Certo que deve ser o vosso *monte*
Algum *poço* bem fundo... ou vossos olhos
Têm então bem estranha catarata!

II

Há às vezes no céu, caindo a tarde,
Certas nuvens que segue o olhar do triste
Vagamente a cismar... há nuvens destas
Que o vestem de poesia e de esperança,
E lhe tiram o frio deste *inverno*
E o enchem de esplendor e majestade...
Mais do que as vossas túnicas de púrpura!

Eu, às vezes, nas naves das igrejas
Lá quando desce a luz e a alma sobe...
E entre as sombras perpassam as saudades...
E no *seio de pedra* tem o triste
Mil seios maternais... eu tenho visto
Branquejar, nos desvãos da nave obscura,
Como as nuvens da tarde desmaiadas,
Uns brancos véus de linho em frontes belas
De umas pálidas virgens cismadoras,
Que, em verdade, não há para cobrir-nos
A alma de mistério e de saudade

Gaze nenhuma assim! Vede, opulentos,
Como Deus, com olhar de amor, as veste
A elas, de uma luz de aurora mística,
De poesia, de unção e mais beleza
Que o véu tecido com o *velo de ouro*!

Os vossos cofres têm tesouros, certo,
Que um rei os invejara... Mas eu tenho
Às vezes visto o infante, em seio amado
De mãe, dormir coberto de um sorriso,
Tão guardado do mundo como a pérola
No fundo do seu golfo... e sei, ó ricos,
Que aquele abrigo aonde a mãe o fecha
— Entre braços e seio — é precioso,
Cerra um tesouro de mais alto preço
Que os tesouros que encerram vossos cofres!

III

Levitas do MILHÃO! o vosso culto
Pode ter brilhos e esplendor e pompas...
Arrastar-se nas ruas da cidade
Como um manto de rei... e sob os arcos
De mármore passar, como em triunfo...
Ter colunas de pórfido luzente...
E ser o altar do vosso santuário
Como o templo do Sol... cegar de luzes...
O vosso Deus pode ser grande e altivo
Como Baal... o Deus que bebe sangue...
Mas o que nunca o vosso culto esplêndido
Há de ter, como um véu para o sacrário,
A velar-lhe mistérios... é a poesia...
Esse mimo de amor... esses segredos...
O ingênuo sorriso da criança...
O olhar das mães, espelho de pureza...
A flor que medra na soidão das almas...
O branco lírio que, manhã e tarde,
Aos pés da Virgem, no oratório humilde,
Rega a donzela, em vaso pobrezinho!

Nunca a vossa cruz-de-ouro há de dar sombra
Como a *outra* do Gólgota — o alívio,
Sombra que buscam almas magoadas —,
Onde os citisos pálidos rebentam...
Consolações... saudade... e inda esperanças...

Podeis cavar... as minas são bem fundas...
Cava mais fundo ainda... é já o centro
Da terra, aí! Mas onde, ó vós mineiros,
Por mais que profundeis não heis de uma hora
Chegar jamais... é ao coração...
                    E, entanto,
É lá a única mina de ouro puro!

IV

O coração! Potosi misterioso!
O grande rio de areais auríferos,
Que vem de umas nascentes ignoradas
Arrastando safiras em cada onda,
E depondo no leito finas pérolas!

O coração! É aí, ricos, a mina
Única digna de enterrar-se a vida,
Cavando sempre ali... sem ver mais nada...
Foi lá, como na areia o diamante,
Que Deus deixou cair da mão paterna
As esmeraldas do diadema humano...
O Sentimento vivo... a Ação radiante...
E a Idéia, o brilhante de mil faces!
Foi lá que esse Mineiro dos futuros
Encobertos andou co'os braços ambos
Metidos a buscar — mas quando um dia
Do fundo as mãos ergueu... o mundo, em pasmo,
Viu-lhe brilhar nas mãos... o Evangelho!

1863

XVII
Acusação

(Aos homens de sangue de Versalhes em 1871)

Ergue-te enfim, Justiça vingadora!
Corusque em breve a tua espada ardente!
Eu vejo a Tirania onipotente,
Enquanto ao longe a Piedade chora...

Nasce rubra de sangue cada aurora,
E o sangue ensopa a terra ainda quente...
É congresso de sangue o que esta gente
Abriu entre as nações, que o sangue irrora!

Ante o altar encoberto do Futuro
E ante ti, Vingadora, acuso e cito
Estes homens de insídia e ódio escuro!

Endureça minh'alma, e creia e espere,
Com um desejo estóico e infinito,
Só na Justiça que condena e fere!

Junho de 1871

XVIII
Flebunt euntes[1]

(Aos Sr. Alexandre Herculano)

I

Também sei, também sei o que são lágrimas!
    E sei quanto se deve
Às cinzas dos Avós, quando as lançamos
    Aos ventos do oceano!

II

Eu falo das ruínas do passado,
    E de glórias futuras;
E meu peito está cheio de desejos
    E aspirações imensas.

E solto o canto, ébrio de esperanças,
    Ao ver a nova Aurora:
E ergo a face, e meus olhos são de chama,
    Por saudar a Justiça!

E ao ver a grande Lei, que vem correndo
    Pela encosta dos tempos,

---

[1] "Chorando, ide", em latim. (N. do E.)

Como carro, e esmagando os troncos velhos,
    E deslocando tudo;

Bato as mãos — porque o eixo desse carro
    É o braço da Verdade!
E o motor, que o impele, é a caldeira
    Gigante do Progresso!

III

Que muito que me esqueçam as tristezas,
    Os ais dos que atropela
E esmaga a larga roda portentosa,
    Em seu girar convulso?

Que só veja a vitória, e não os mortos?
    A Obra majestosa,
E não o chão cavado, revolvido,
    Onde tem alicerces?

A pele que a *serpente* vai largando,
    E não as muitas dores?
E esses olhos que se abrem à verdade,
    E não os que ela ofusca?

E, posto no convés da bela nave,
    Que solta os largos panos,
Em demanda de mundos encobertos,
    De misterioso rumo,

E, mergulhando o olhar nos horizontes,
    Buscando nova América,
Não ouço os ais saudosos dos que deixam
    A pátria, o berço, o ninho?

Nem lembre, agora que a ruína é certa,
    (Revendo já na mente
Os palácios-de-fadas, que hão de erguer-se
    De sobre esses destroços)

Os corações, que estavam descansados,
    E tinham travesseiro
E leito, no que vai ser revolvido
    E ser despedaçado?

Os pendões que açoitavam, tremulando,
    O ar, sobre os castelos,
Que a Justiça dos tempos vai agora,
    Com mão rude, aluindo?

As crenças, que se herdaram? e as bebidas
    Das mães no seio doce?
Essas louras cabeças, que se beijam
    Em sonho cada noite?

E a cruz, que com seus braços, cada dia,
    Nos mostra a nossa estrada?
E o altar da nossa fé? e o berço amigo
    Das ilusões antigas?

IV

Também sei o que é dor — e como as lágrimas
    Saem, arando o peito;
E o que é inclinar-se um triste, às tardes,
    Sobre gastas ruínas!

E ver os velhos ídolos partidos;
    E os pendões de outro tempo
Lambendo agora o chão, com o mesmo tope
    Onde a glória pousava!

E ver-se só no mundo e como errante...
    (Crepúsculo das almas!)
Perdida a fé antiga, e ainda obscuros
    O Deus e os cultos novos!

E não ter já o leito de inda ontem...
    E não saber já agora

Se o peito do irmão, do pai, do amigo,
  Ainda tem um nome!

As almas, que como hera se enlaçavam
  Ao carvalho gigante...
As vidas, flores à antiga sombra
  Nascidas e medradas...

A tristeza do tempo... a dor dos séculos,
  Que vão, como gemidos,
Caindo e arrastando homens e coisas...
  Não se sabe a que abismo!

V

Eu sei quanto se deve ao desamparo,
  E às tristezas profundas,
E às saudades, que vêm, como soluços,
  Do fundo da história!

Se sei o que é Aurora — essa poesia
  Do que à luz vem nascendo,
Também entendo o Ocaso e as longas sombras...
  — Poesia das ruínas! —

VI

Imensa soledade e angústia imensa!
  Como Sião deserta,
Como o Povo levado em cativeiro,
  Como os *sós*, como o exílio!

Vede o que foi, e vede o que é agora!
  Os Tronos, lírios belos
Nascidos e medrando à sombra vasta
  Da Igreja, essa araucária!

E o solo, em volta e ao longe, perfumado
    Pelos lises heráldicos,
Donde saía o aroma grato aos povos...
    O aroma do Heroísmo!

E o Povo — o canavial humilde e trêmulo,
    Mas bom, porque era amado;
Porque as lágrimas dele eram o bálsamo
    Chamado Sacrifício!

E as crenças, que brotavam aos cardumes
    Desse chão feracíssimo,
Onde Deus semeava (mão paterna!)
    A Fé e a Caridade!

O Passado! — Jardim de sombra e aromas!
    Cota de cavaleiro,
E véu de santa e manto de sacrário!
    — Mistério e heroicidade —

O Passado! o Passado! — A nau gigante,
    Firme, mas sossegada,
Porque a âncora d'ouro que a sustinha
    Chamava-se Virtude!

VII

E agora... oh! *agora*... esta palavra chora
    Nos lábios, quando os fere...
— Reflexo das grandezas que se somem
    E eco das saudades —

O solo social todo alastrado
    Destes grandes destroços...
Um mistério tristíssimo pairando...
    — Sombras entre ruínas —

O Presente disforme e cheio de iras,
    E tremendo o Futuro...

O sol no ocaso... os ventos gemedores...
    E os corações partidos!

VIII

Quem não te havia amar, Igreja mística,
    Madalena do mundo,
Bela e piedosa em meio dos tormentos,
    Ungindo os pés do Cristo?

E quem não há de agora dar-te lágrimas,
    Ó triste pecadora,
Vendo o teu manto de ouro retalhado,
    E márcida a coroa?

Vendo os teus pés na borda já do abismo,
    E o hino, o hino santo,
Feito um trenó de angústias e gemidos
    E abafados soluços?

E o véu da virgindade agora feito
    E talhado em sudário?
E a pompa feita agora saimento?
    E a cruz cheia de luto?

Se eu não hei de chorar!... Foi em teus braços
    Que dormi, ainda infante,
E, infante, me embalei ao som plangente
    De teus hinos sagrados!

Tive, criança loura, por brinquedo
    Jasmins dessa coroa:
Deram-me sombra aos passos inda trêmulos
    Os teus longos cabelos!

E, quando ao seio maternal pendido,
    Uma *Lei* soletrava
Nos olhos dela... eu lia nos seus olhos
    Todo o teu Evangelho!

E, balbuciante ainda, me ensaiava
      Dizendo uma palavra,
Ensinavam-me então os lábios dela
      A tua Ave-Maria!

Oh saudades! saudades! Bem entendo,
      Ó vós que estais chorando,
O que estais a chorar — são as saudades
      Dessa imensa poesia!

Eu, filho de outros céus e de outros cultos,
      Bem vos entendo o pranto;
E alevanto também meus olhos, úmidos
      Desta grande tristeza!

Bem vejo como hão de ir as vossas almas
      Descendo na corrente,
Que a leva a Ela — e a vós vos vai levando
      Quanto tínheis de santo!

Choro — se hei de chorar! — porque te vejo
      Tão só, tão abatida,
E, Raquel! ouço a voz que chama os filhos...
      Mas eles não respondem!

IX

E vós, Tronos, ó árvores gigantes!
      Dormi, à vossa sombra,
Das crenças infantis o sono amigo...
      Cobristes-me a inocência!

Houve um tempo em que o céu destes meus olhos
      Era o dossel de púrpura!
Em que os brilhantes das coroas régias
      Me pareciam astros!

E, agora, vejo as pérolas manchadas!
      E está tudo partido!

E há uma voz, que brada a tudo isto:
"Deu a hora; sumi-vos!"

E eles vão — vai-se a árvore gigante...
Mas as raízes dela
'Stavam fundas, e arrancam, levantando-se,
Corações gotejantes!

Ó corações fiéis! filhos da honra!
Vestais do fogo santo!
Eu bem entendo o vosso sacrifício
E o vosso desespero!

Porque é triste, bem triste essa ruína
— Ruína de dez séculos —
E vós tínheis ali a vossa vida,
E todo o vosso sangue!

X

Paladinos! — espadas de aço buído,
Corações de ouro fino! —
Que eu vi, em volta de outro Carlos-Magno,
Outros Pares-de-França!

Ó lenda de Beleza e de Heroísmo,
Onde li, ajoelhado,
As crônicas e os feitos de outra idade,
E soletrei as Glórias!

Ó valentes! tapai as vossas lágrimas
Com o punho das espadas!
Caí, como se cai sempre na pugna,
Dando um sorriso à morte!

Venceu-vos, no *torneio*, espectro estranho!
Caí... erguendo os olhos
À vossa Dama e ao vosso Deus... beijando
A cruz da antiga crença!

Da trompa de marfim, como Rolando,
    Tirai um som... o último...
Que desperte as saudades desses ecos,
    No chão de Roncesvalles!

E, agora, acompanhai o saimento,
    — Vossos velhos amigos —
Servi de guarda-d'honra, ó Paladinos,
    E de escolta ao Passado!

XI

Passado!! — Eu sei dar pranto a estas tristezas,
    A estes restos saudosos
Do mundo velho. Vós, que estais chorando,
    São belas essas dores!

Porque vós por altar, e fé, e crença,
    E sangue, e vida, e tudo...
Tínheis tudo nos olhos desse *enfermo*...
    E ele está condenado!

XII

Nós damos à saudade o que é do tempo...
    E às cinzas esfriadas
Dos Avós damos honra e saimento...
    — O funeral das lágrimas! —

Depois, *avante*! Os astros não se extinguem!
    Há céus e espaços novos!
Enterre-se o Passado com piedade...
    Mas o olhar... no Futuro!

XIII

Se já desaba o teto das Igrejas
    E o dossel desses Tronos,
É por que um outro céu maior nos cubra...
    O céu da Liberdade!

1864

DADOS BIOGRÁFICOS

Antero de Quental: vida e obra

DURVAL CORDAS*

Antero Tarquínio de Quental nasceu em 18 de abril de 1842 em Ponta Delgada, na ilha de São Miguel, nos Açores, filho de uma tradicional família do arquipélago. Seu pai, Fernando de Quental, era um militar veterano que tomara parte da Guerra Civil Portuguesa (1828-1834), sendo um dos soldados do exército liberal de dom Pedro IV que ficaram conhecidos como os "Bravos de Mindelo", após o desembarque triunfante nessa cidade litorânea do noroeste de Portugal, em 1832. A mãe, Ana Guilhermina da Maia Quental, mulher de fé arraigada, procurou dar ao filho uma educação cristã católica, e o incentivou a estudar desde muito cedo. Antes mesmo de se matricular na primeira escola regular, Antero teve aulas de francês com o poeta romântico Antônio Feliciano de Castilho; já no Liceu Açoriano, tomaria lições de inglês com o renomado

---

* Tradutor, bacharel em Lingüística e Língua Portuguesa pela Universidade de São Paulo e em Jornalismo pela Faculdade Cásper Líbero.

professor Rendall. Aos dez anos, na companhia da mãe, Antero mudou-se para Lisboa, para, três anos depois, realizar seus estudos secundários no Colégio de São Bento, em Coimbra, e ingressar, em 1858, aos dezesseis anos, na Faculdade de Direito de Coimbra, de onde só sairia, concluído o curso, em 1864.

Foi no período universitário que se manifestou publicamente toda a irrequietude de seu temperamento. Dotado de forte personalidade e espírito combativo, não demorou para que Antero se tornasse líder de seus companheiros de estudo. Já em 1862 organizava a Sociedade do Raio, espécie de diretório acadêmico por meio do qual atacava e queria derrubar a figura do reitor, rígido antiliberal e disciplinador, avesso às idéias revolucionárias que inflamavam os estudantes. Participaria ainda, em 1864, da Rolinada, revolta estudantil iniciada sob o pretexto do não atendimento de um pedido coletivo de dispensa dos exames finais do ano letivo, e que levou a uma transferência em massa dos estudantes para a cidade do Porto. As múltiplas idéias que avançavam sobre os intelectos do século XIX, como o culto ao progresso, que chegava a Antero filtrado por Victor Hugo e Pelletan, o anarquismo de Proudhon e a dialética de Hegel, arrebataram o espírito inquieto do futuro escritor, afastando-o das raízes de sua formação católica, sem, contudo, eliminar o sentimento religioso que continuava a instigá-lo, em busca do Absoluto que o aplacasse. Como o Capâneo referido por Dante, que, acorrentado no inferno, continuava a afirmar seu ódio a Deus, Antero não perdia oportunidade, fosse nos escritos que já começavam a torná-lo conhecido, fosse nos escândalos de que era protagonista ao lado de seus colegas estudantes — corriam boatos sobre missas negras a que presidiria, ou desafios públicos à ira de Deus —, de contestar a Igreja e as formas de que se revestia a experiência religiosa segundo o catolicismo.

Mesmo antes de concluir o curso de Direito, com um aproveitamento escolar perfeitamente medíocre, o poeta já se destacava com a primeira publicação de seus *Sonetos* (1861) e de *Beatrice* (1863). E as *Odes modernas*, se sairiam apenas depois da formatura, já estavam também concluídas no final de 1863. Essa obra, bem como as *Tempestades sonoras* e a *Visão dos Tempos*, de Teófilo Braga, desencadearam, em 1865, a chamada Questão Coimbrã, que viu os defensores dos novos ideais literários realistas — os estudantes de Coimbra liderados por Antero e Braga — em furioso debate com os literatos de Lisboa, partidários do Romantismo e da manutenção dos modelos de literatura em vigor, chefiados por nada menos que o antigo mestre dos tempos dos Açores, Antônio Feliciano de Castilho.

Formado, e desejando seguir os passos de alguns de seus mentores intelectuais, como Michelet e Proudhon, Antero mudou-se para Paris e pôs-se a trabalhar como operário tipógrafo. A experiência proletária, porém, não foi além de dois anos, e o momento de desilusão — em parte, consigo mesmo — não seria facilmente apagado, nem mesmo com as rápidas viagens à cidade natal e a Nova York. De regresso a Lisboa, em 1868, porém, o revolucionário parecia desperto mais uma vez, e Antero formaria o Cenáculo, grupo de intelectuais inspirado nas idéias socialistas, do qual fizeram parte, entre outros, os escritores Eça de Queirós e Ramalho Ortigão. Foi o Cenáculo o promotor, em 1871, das Conferências do Cassino Lisbonense, e coube a Antero de Quental expor ali as *Causas da decadência dos povos peninsulares* — segundo ele, a Contra-Reforma, o absolutismo e a expansão ultramarina. Nos anos seguintes, além de colaborar com a imprensa republicana e socialista e fomentar e divulgar as organizações operárias, Antero ajudaria a organizar a Associação Internacional dos Trabalhadores, em 1872, e seria um dos fundadores, em 1875, do Partido Socialista Português.

Mas, fosse pelas derrotas que seus ideais sofriam nos campos político e social, deixando pouco espaço a uma revolução proletária e mantendo o socialismo como mero exercício catedrático ou simples contraponto pequeno-burguês, fosse pela incompatibilidade da atividade mundana com seu caráter profundamente austero, reflexivo e contemplativo, voltava o sentimento do desengano a assaltar o ânimo de Antero. No mesmo período, em 1874, surgiam os sintomas de uma doença que o acompanharia pelo resto da vida. Nas crises, tinha de ficar deitado, de costas, e não conseguia se alimentar adequadamente, o que o deixava enfraquecido e irritado. Nenhum diagnóstico preciso ou tratamento eficaz eram encontrados nem em Portugal nem na França. Tornava-se desgostoso e pessimista, e desses anos em diante buscou afastar-se o quanto possível do convívio social, indo viver em Vila do Conde, nas proximidades do Porto, sustentado sobretudo pelas rendas das propriedades que herdara com a morte de seu pai, em 1873. Lá, manteve contato com poucos amigos, entre os quais Oliveira Martins, com quem travou intensa e íntima correspondência, e se dedicou à leitura e à reflexão, bem como à educação de duas órfãs de um antigo colega de Coimbra, Germano Meireles.

É verdade que, a partir de 1888, manteve contato com os amigos que formaram o grupo dos Vencidos da Vida, do qual participavam, entre outros, Oliveira Martins, Eça de Queirós, Guerra Junqueiro e Ramalho Ortigão. O título já dizia muito: eram todos homens que, não obstante tivessem obtido sucesso em suas carreiras, sentiam o gosto amargo da derrota das esperanças que acalentavam para a sociedade. Mas Antero só ressurgiria mesmo de seu retiro em 1890, quando concordou em presidir a Liga Patriótica do Norte, grupo de intelectuais que se reuniu para protestar contra o fato de o governo português ter cedido ao ultimato pelo qual a Inglaterra coagia Portugal a retirar suas tropas da região central da África – área de interesse dos ingleses. Para o poeta, o problema não era meramente diplomático, mas dizia respeito aos próprios rumos da nação portuguesa; não obtendo sucesso, Antero recaiu no pessimismo e voltou a se retirar, em 1891, primeiro em Lisboa, na casa de sua irmã, Ana de Quental, com quem em breve se desentendeu, depois na própria cidade natal, Ponta Delgada.

Achacado por males físicos e psíquicos, desiludido com o malogro dos ideais a que se entregara, incapaz de responder, por si mesmo, às perguntas sobre o sentido e o destino da vida, que sua educação originalmente religiosa e seu confuso, mas persistente, empenho com a realidade não cessavam de fazer aflorar, Antero experimentaria ali sua última derrota. Tirou a própria vida, lá mesmo onde nascera, a 11 de setembro de 1891.

Principais obras

Poesia: *Sonetos* (1861); *Beatrice* (1863); *Odes modernas* (1865); *Primaveras românticas. Versos dos vinte anos* (1871); *Sonetos completos* (1886); *Rios de extinta luz* (1892).

Prosa: *Prosas* (em 3 volumes: 1923, 1926, 1931); *Cartas de Antero de Quental* (1921); *Cartas inéditas de Antero de Quental a Oliveira Martins* (1931); *Cartas inéditas de Antero de Quental a Wilhelm Storck* (1931); *Cartas a Antônio de Azevedo Castelo Branco* (1942).

Sumário

ODES MODERNAS

LIVRO PRIMEIRO

I. Pateísmo	15
I	15
II	17
III	18
II. À História	20
I	20
II	22
III	24
IV	26
V	27
VI	29
III. A idéia	32
I	32
II	32
III	33
IV	33
V	34
VI	35
VII	35
VIII	36
IV. Pater	37

I	37
II	39
III	44
IV	45
V	45

V. Vida 47
VI. Diálogo 53
VII. Luz do sol, luz da razão 54
VIII. Et coelum et virtus 57
IX. Tentanda via 60
    I 60
    II 61
    III 62
X. Mais luz! 64

Livro Segundo

I. Tese e antítese 67
    I 67
    II 67
II. Secol'si rinuova 69
    I 69
    II 70
    III 71
    IV 72
    V 73
    VI 73
    VII 74
    VIII 75
    IX 76
    X 76
    XI 77
III 78
IV. Justitia mater 79
V. No Templo 80
    I 80
    II 81
VI. Palavras dum certo morto 82

VII. Aos miseráveis	83
I	83
II	84
III	86
VIII. A um crucifixo	88
I	88
II. Doze anos depois	89
IX	90
X. Sombra	91
XI. Carmen legis...	93
I	93
II	94
III	94
IV	95
V	96
VI	96
VII	97
XII	98
XIII. Versos escritos na margem dum missal	100
XIV. À Europa	102
XV	107
XVI. Pobres	108
I	108
II	109
III	110
IV	111
XVII. Acusação	112
XVIII. Flebunt euntes	113
I	113
II	113
III	114
IV	115
V	116
VI	116
VII	117
VIII	118
IX	119
X	120

XI	121
XII	121
XIII	122
Dados biográficos	123

Os Objetivos, a Filosofia e a Missão da Editora Martin Claret

O principal Objetivo da MARTIN CLARET é continuar a desenvolver uma grande e poderosa empresa editorial brasileira, para melhor servir a seus leitores.

A Filosofia de trabalho da MARTIN CLARET consiste em criar, inovar, produzir e distribuir, sinergicamente, livros da melhor qualidade editorial e gráfica, para o maior número de leitores e por um preço economicamente acessível.

A Missão da MARTIN CLARET é conscientizar e motivar as pessoas a desenvolver e utilizar o seu pleno potencial espiritual, mental, emocional e social.

A MARTIN CLARET está empenhada em contribuir para a difusão da educação e da cultura, por meio da democratização do livro, usando todos os canais ortodoxos e heterodoxos de comercialização.

A MARTIN CLARET, em sua missão empresarial, acredita na verdadeira função do livro: o livro muda as pessoas.

A MARTIN CLARET, em sua vocação educacional, deseja, por meio do livro, claretizar, otimizar e iluminar a vida das pessoas.

Revolucione-se: leia mais para ser mais!

MARTIN CLARET

Relação dos Volumes Publicados

1. **Dom Casmurro**
   Machado de Assis
2. **O Príncipe**
   Maquiavel
3. **Mensagem**
   Fernando Pessoa
4. **O Lobo do Mar**
   Jack London
5. **A Arte da Prudência**
   Baltasar Gracián
6. **Iracema / Cinco Minutos**
   José de Alencar
7. **Inocência**
   Visconde de Taunay
8. **A Mulher de 30 Anos**
   Honoré de Balzac
9. **A Moreninha**
   Joaquim Manuel de Macedo
10. **A Escrava Isaura**
    Bernardo Guimarães
11. **As Viagens - "Il Milione"**
    Marco Polo
12. **O Retrato de Dorian Gray**
    Oscar Wilde
13. **A Volta ao Mundo em 80 Dias**
    Júlio Verne
14. **A Carne**
    Júlio Ribeiro
15. **Amor de Perdição**
    Camilo Castelo Branco
16. **Sonetos**
    Luís de Camões
17. **O Guarani**
    José de Alencar
18. **Memórias Póstumas de Brás Cubas**
    Machado de Assis
19. **Lira dos Vinte Anos**
    Álvares de Azevedo
20. **Apologia de Sócrates / Banquete**
    Platão
21. **A Metamorfose/Um Artista da Fome/Carta a Meu Pai**
    Franz Kafka
22. **Assim Falou Zaratustra**
    Friedrich Nietzsche
23. **Triste Fim de Policarpo Quaresma**
    Lima Barreto
24. **A Ilustre Casa de Ramires**
    Eça de Queirós
25. **Memórias de um Sargento de Milícias**
    Manuel Antônio de Almeida
26. **Robinson Crusoé**
    Daniel Defoe
27. **Espumas Flutuantes**
    Castro Alves
28. **O Ateneu**
    Raul Pompéia
29. **O Noviço / O Juiz de Paz da Roça / Quem Casa Quer Casa**
    Martins Pena
30. **A Relíquia**
    Eça de Queirós
31. **O Jogador**
    Dostoiévski
32. **Histórias Extraordinárias**
    Edgar Allan Poe
33. **Os Lusíadas**
    Luís de Camões
34. **As Aventuras de Tom Sawyer**
    Mark Twain
35. **Bola de Sebo e Outros Contos**
    Guy de Maupassant
36. **A República**
    Platão
37. **Elogio da Loucura**
    Erasmo de Rotterdam
38. **Caninos Brancos**
    Jack London
39. **Hamlet**
    William Shakespeare
40. **A Utopia**
    Thomas More
41. **O Processo**
    Franz Kafka
42. **O Médico e o Monstro**
    Robert Louis Stevenson
43. **Ecce Homo**
    Friedrich Nietzsche
44. **O Manifesto do Partido Comunista**
    Marx e Engels
45. **Discurso do Método / Regras para a Direção do Espírito**
    René Descartes
46. **Do Contrato Social**
    Jean-Jacques Rousseau
47. **A Luta pelo Direito**
    Rudolf von Ihering
48. **Dos Delitos e das Penas**
    Cesare Beccaria
49. **A Ética Protestante e o Espírito do Capitalismo**
    Max Weber
50. **O Anticristo**
    Friedrich Nietzsche
51. **Os Sofrimentos do Jovem Werther**
    Goethe
52. **As Flores do Mal**
    Charles Baudelaire
53. **Ética a Nicômaco**
    Aristóteles
54. **A Arte da Guerra**
    Sun Tzu
55. **Imitação de Cristo**
    Tomás de Kempis
56. **Cândido ou o Otimismo**
    Voltaire
57. **Rei Lear**
    William Shakespeare
58. **Frankenstein**
    Mary Shelley
59. **Quincas Borba**
    Machado de Assis
60. **Fedro**
    Platão
61. **Política**
    Aristóteles
62. **A Viuvinha / Encarnação**
    José de Alencar
63. **As Regras do Método Sociológico**
    Émile Durkheim
64. **O Cão dos Baskervilles**
    Sir Arthur Conan Doyle
65. **Contos Escolhidos**
    Machado de Assis
66. **Da Morte / Metafísica do Amor / Do Sofrimento do Mundo**
    Arthur Schopenhauer
67. **As Minas do Rei Salomão**
    Henry Rider Haggard
68. **Manuscritos Econômico-Filosóficos**
    Karl Marx
69. **Um Estudo em Vermelho**
    Sir Arthur Conan Doyle
70. **Meditações**
    Marco Aurélio
71. **A Vida das Abelhas**
    Maurice Materlinck
72. **O Cortiço**
    Aluísio Azevedo
73. **Senhora**
    José de Alencar
74. **Brás, Bexiga e Barra Funda / Laranja da China**
    Antônio de Alcântara Machado
75. **Eugênia Grandet**
    Honoré de Balzac
76. **Contos Gauchescos**
    João Simões Lopes Neto
77. **Esaú e Jacó**
    Machado de Assis
78. **O Desespero Humano**
    Sören Kierkegaard
79. **Dos Deveres**
    Cícero
80. **Ciência e Política**
    Max Weber
81. **Satíricon**
    Petrônio
82. **Eu e Outras Poesias**
    Augusto dos Anjos
83. **Farsa de Inês Pereira / Auto da Barca do Inferno / Auto da Alma**
    Gil Vicente
84. **A Desobediência Civil e Outros Escritos**
    Henry David Toreau
85. **Para Além do Bem e do Mal**
    Friedrich Nietzsche
86. **A Ilha do Tesouro**
    R. Louis Stevenson
87. **Marília de Dirceu**
    Tomás A. Gonzaga
88. **As Aventuras de Pinóquio**
    Carlo Collodi
89. **Segundo Tratado Sobre o Governo**
    John Locke
90. **Amor de Salvação**
    Camilo Castelo Branco
91. **Broquéis/Faróis/Últimos Sonetos**
    Cruz e Souza
92. **I-Juca-Pirama / Os Timbiras / Outros Poemas**
    Gonçalves Dias
93. **Romeu e Julieta**
    William Shakespeare
94. **A Capital Federal**
    Arthur Azevedo
95. **Diário de um Sedutor**
    Sören Kierkegaard
96. **Carta de Pero Vaz de Caminha a El-Rei Sobre o Achamento do Brasil**
97. **Casa de Pensão**
    Aluísio Azevedo
98. **Macbeth**
    William Shakespeare
99. **Édipo Rei/Antígona**
    Sófocles
100. **Lucíola**
     José de Alencar
101. **As Aventuras de Sherlock Holmes**
     Sir Arthur Conan Doyle
102. **Bom-Crioulo**
     Adolfo Caminha
103. **Helena**
     Machado de Assis
104. **Poemas Satíricos**
     Gregório de Matos

105. **Escritos Políticos / A Arte da Guerra**
Maquiavel

106. **Ubirajara**
José de Alencar

107. **Diva**
José de Alencar

108. **Eurico, o Presbítero**
Alexandre Herculano

109. **Os Melhores Contos**
Lima Barreto

110. **A Luneta Mágica**
Joaquim Manuel de Macedo

111. **Fundamentação da Metafísica dos Costumes e Outros Escritos**
Immanuel Kant

112. **O Príncipe e o Mendigo**
Mark Twain

113. **O Domínio de Si Mesmo pela Auto-Sugestão Consciente**
Émile Coué

114. **O Mulato**
Aluísio Azevedo

115. **Sonetos**
Florbela Espanca

116. **Uma Estadia no Inferno / Poemas / Carta do Vidente**
Arthur Rimbaud

117. **Várias Histórias**
Machado de Assis

118. **Fédon**
Platão

119. **Poesias**
Olavo Bilac

120. **A Conduta para a Vida**
Ralph Waldo Emerson

121. **O Livro Vermelho**
Mao Tsé-Tung

122. **Oração aos Moços**
Rui Barbosa

123. **Otelo, o Mouro de Veneza**
William Shakespeare

124. **Ensaios**
Ralph Waldo Emerson

125. **De Profundis / Balada do Cárcere de Reading**
Oscar Wilde

126. **Crítica da Razão Prática**
Immanuel Kant

127. **A Arte de Amar**
Ovídio Naso

128. **O Tartufo ou O Impostor**
Molière

129. **Metamorfoses**
Ovídio Naso

130. **A Gaia Ciência**
Friedrich Nietzsche

131. **O Doente Imaginário**
Molière

132. **Uma Lágrima de Mulher**
Aluísio Azevedo

133. **O Último Adeus de Sherlock Holmes**
Sir Arthur Conan Doyle

134. **Canudos - Diário de Uma Expedição**
Euclides da Cunha

135. **A Doutrina de Buda**
Siddharta Gautama

136. **Tao Te Ching**
Lao-Tsé

137. **Da Monarquia / Vida Nova**
Dante Alighieri

138. **A Brasileira de Prazins**
Camilo Castelo Branco

139. **O Velho da Horta/Quem Tem Farelos?/Auto da Índia**
Gil Vicente

140. **O Seminarista**
Bernardo Guimarães

141. **O Alienista / Casa Velha**
Machado de Assis

142. **Sonetos**
Manuel du Bocage

143. **O Mandarim**
Eça de Queirós

144. **Noite na Taverna / Macário**
Álvares de Azevedo

145. **Viagens na Minha Terra**
Almeida Garrett

146. **Sermões Escolhidos**
Padre Antonio Vieira

147. **Os Escravos**
Castro Alves

148. **O Demônio Familiar**
José de Alencar

149. **A Mandrágora / Belfagor, o Arquidiabo**
Maquiavel

150. **O Homem**
Aluísio Azevedo

151. **Arte Poética**
Aristóteles

152. **A Megera Domada**
William Shakespeare

153. **Alceste/Electra/Hipólito**
Eurípedes

154. **O Sermão da Montanha**
Huberto Rohden

155. **O Cabeleira**
Franklin Távora

156. **Rubáiyát**
Omar Khayyám

157. **Luzia-Homem**
Domingos Olímpio

158. **A Cidade e as Serras**
Eça de Queirós

159. **A Retirada da Laguna**
Visconde de Taunay

160. **A Viagem ao Centro da Terra**
Júlio Verne

161. **Caramuru**
Frei Santa Rita Durão

162. **Clara dos Anjos**
Lima Barreto

163. **Memorial de Aires**
Machado de Assis

164. **Bhagavad Gita**
Krishna

165. **O Profeta**
Khalil Gibran

166. **Aforismos**
Hipócrates

167. **Kama Sutra**
Vatsyayana

168. **O Livro da Jângal**
Rudyard Kipling

169. **De Alma para Alma**
Huberto Rohden

170. **Orações**
Cícero

171. **Sabedoria das Parábolas**
Huberto Rohden

172. **Salomé**
Oscar Wilde

173. **Do Cidadão**
Thomas Hobbes

174. **Porque Sofremos**
Huberto Rohden

175. **Einstein: o Enigma do Universo**
Huberto Rohden

176. **A Mensagem Viva do Cristo**
Huberto Rohden

177. **Mahatma Gandhi**
Huberto Rohden

178. **A Cidade do Sol**
Tommaso Campanella

179. **Setas para o Infinito**
Huberto Rohden

180. **A Voz do Silêncio**
Helena Blavatsky

181. **Frei Luís de Sousa**
Almeida Garrett

182. **Fábulas**
Esopo

183. **Cântico de Natal/ Os Carrilhões**
Charles Dickens

184. **Contos**
Eça de Queirós

185. **O Pai Goriot**
Honoré de Balzac

186. **Noites Brancas e Outras Histórias**
Dostoiévski

187. **Minha Formação**
Joaquim Nabuco

188. **Pragmatismo**
William James

189. **Discursos Forenses**
Enrico Ferri

190. **Medéia**
Eurípedes

191. **Discursos de Acusação**
Enrico Ferri

192. **A Ideologia Alemã**
Marx & Engels

193. **Prometeu Acorrentado**
Ésquilo

194. **Iaiá Garcia**
Machado de Assis

195. **Discursos no Instituto dos Advogados Brasileiros / Discurso no Colégio Anchieta**
Rui Barbosa

196. **Édipo em Colono**
Sófocles

197. **A Arte de Curar pelo Espírito**
Joel S. Goldsmith

198. **Jesus, o Filho do Homem**
Khalil Gibran

199. **Discurso sobre a Origem e os Fundamentos da Desigualdade entre os Homens**
Jean-Jacques Rousseau

200. **Fábulas**
La Fontaine

201. **O Sonho de uma Noite de Verão**
William Shakespeare

202. **Maquiavel, o Poder**
José Nivaldo Junior

203. **Ressurreição**
Machado de Assis

204. **O Caminho da Felicidade**
Huberto Rohden

205. **A Velhice do Padre Eterno**
Guerra Junqueiro

206. **O Sertanejo**
José de Alencar

207. **Gitanjali**
Rabindranath Tagore

208. **Senso Comum**
Thomas Paine

209. **Canaã**
Graça Aranha

210. **O Caminho Infinito**
Joel S. Goldsmith

211. **Pensamentos**
Epicuro

212. **A Letra Escarlate**
Nathaniel Hawthorne

213. **Autobiografia**
 Benjamin Franklin

214. **Memórias de Sherlock Holmes**
 Sir Arthur Conan Doyle

215. **O Dever do Advogado / Posse de Direitos Pessoais**
 Rui Barbosa

216. **O Tronco do Ipê**
 José de Alencar

217. **O Amante de Lady Chatterley**
 D. H. Lawrence

218. **Contos Amazônicos**
 Inglez de Souza

219. **A Tempestade**
 William Shakespeare

220. **Ondas**
 Euclides da Cunha

221. **Educação do Homem Integral**
 Huberto Rohden

222. **Novos Rumos para a Educação**
 Huberto Rohden

223. **Mulherzinhas**
 Louise May Alcott

224. **A Mão e a Luva**
 Machado de Assis

225. **A Morte de Ivan Ilicht / Senhores e Servos**
 Leon Tolstói

226. **Álcoois**
 Apollinaire

227. **Pais e Filhos**
 Ivan Turguêniev

228. **Alice no País das Maravilhas**
 Lewis Carroll

229. **À Margem da História**
 Euclides da Cunha

230. **Viagem ao Brasil**
 Hans Staden

231. **O Quinto Evangelho**
 Tomé

232. **Lorde Jim**
 Joseph Conrad

233. **Cartas Chilenas**
 Tomás Antônio Gonzaga

234. **Odes Modernas**
 Anntero de Quental

235. **Do Cativeiro Babilônico da Igreja**
 Martinho Lutero

236. **O Coração das Trevas**
 Joseph Conrad

237. **Thais**
 Anatole France

238. **Andrômaca / Fedra**
 Racine

239. **As Catilinárias**
 Cícero

240. **Recordações da Casa dos Mortos**
 Dostoiévski

241. **O Mercador de Veneza**
 William Shakespeare

242. **A Filha do Capitão / A Dama de Espadas**
 Aleksandr Púchkin

243. **Orgulho e Preconceito**
 Jane Austen

244. **A Volta do Parafuso**
 Henry James

245. **O Gaúcho**
 José de Alencar

246. **Tristão e Isolda**
 Lenda Medieval Celta de Amor

247. **Poemas Completos de Alberto Caeiro**
 Fernando Pessoa

248. **Maiakóvski**
 Vida e Poesia

249. **Sonetos**
 William Shakespeare

250. **Poesia de Ricardo Reis**
 Fernando Pessoa

251. **Papéis Avulsos**
 Machado de Assis

252. **Contos Fluminenses**
 Machado de Assis

254. **A Oração da Coroa**
 Demóstenes

255. **O Castelo**
 Franz Kafka

256. **O Trovejar do Silêncio**
 Joel S. Goldsmith

257. **Alice na Casa dos Espelhos**
 Lewis Carrol

258. **Miséria da Filosofia**
 Karl Marx

259. **Júlio César**
 William Shakespeare

260. **Antônio e Cleópatra**
 William Shakespeare

261. **Filosofia da Arte**
 Huberto Rohden

262. **A Alma Encantadora das Ruas**
 João do Rio

263. **A Normalista**
 Adolfo Caminha

264. **Pollyanna**
 Eleanor H. Porter

265. **As Pupilas do Senhor Reitor**
 Júlio Diniz

266. **As Primaveras**
 Casimiro de Abreu

270. **Cancioneiro**
 Fernando Pessoa

272. **O Divórcio / As Bases da Fé / E outros textos**
 Rui Barbosa

SÉRIE OURO
(Livros com mais de 400 p.)

1. **Leviatã**
 Thomas Hobbes

2. **A Cidade Antiga**
 Fustel de Coulanges

3. **Crítica da Razão Pura**
 Immanuel Kant

4. **Confissões**
 Santo Agostinho

5. **Os Sertões**
 Euclides da Cunha

6. **Dicionário Filosófico**
 Voltaire

7. **A Divina Comédia**
 Dante Alighieri

8. **Ética Demonstrada à Maneira dos Geômetras**
 Baruch de Spinoza

9. **Do Espírito das Leis**
 Montesquieu

10. **O Primo Basílio**
 Eça de Queirós

11. **O Crime do Padre Amaro**
 Eça de Queirós

12. **Crime e Castigo**
 Dostoiévski

13. **Fausto**
 Goethe

14. **O Suicídio**
 Émile Durkheim

15. **Odisséia**
 Homero

16. **Paraíso Perdido**
 John Milton

17. **Drácula**
 Bram Stocker

18. **Ilíada**
 Homero

19. **As Aventuras de Huckleberry Finn**
 Mark Twain

20. **Paulo – O 13º Apóstolo**
 Ernest Renan

21. **Eneida** - Virgílio

22. **Pensamentos**
 Blaise Pascal

23. **A Origem das Espécies**
 Charles Darwin

24. **Vida de Jesus**
 Ernest Renan

25. **Moby Dick**
 Herman Melville

26. **Os Irmãos Karamazovi**
 Dostoiévski

27. **O Morro dos Ventos Uivantes**
 Emily Brontë

28. **Vinte Mil Léguas Submarinas**
 Júlio Verne

29. **Madame Bovary**
 Gustave Flaubert

30. **O Vermelho e o Negro**
 Stendhal

31. **Os Trabalhadores do Mar**
 Victor Hugo

32. **A Vida dos Doze Césares**
 Suetônio

34. **O Idiota**
 Dostoiévski

35. **Paulo de Tarso**
 Huberto Rohden

36. **O Peregrino**
 John Bunyan

37. **As Profecias**
 Nostradamus

38. **Novo Testamento**
 Huberto Rohden

39. **O Corcunda de Notre Dame**
 Victor Hugo

40. **Arte de Furtar**
 Anônimo do século XVII

41. **Germinal**
 Émile Zola

42. **Folhas de Relva**
 Walt Whitman

43. **Ben-Hur — Uma História dos Tempos de Cristo**
 Lew Wallace

44. **Os Maias**
 Eça de Queirós

45. **O Livro da Mitologia**
 Thomas Bulfinch

47. **Poesia de Álvaro de Campos**
 Fernando Pessoa

48. **Jesus Nazareno**
 Huberto Rohden

49. **Grandes Esperanças**
 Charles Dickens

50. **A Educação Sentimental**
 Gustave Flaubert

51. **O Conde de Monte Cristo (Volume I)**
 Alexandre Dumas

52. **O Conde de Monte Cristo (Volume II)**
 Alexandre Dumas

53. **Os Miseráveis (Volume I)**
    Victor Hugo
54. **Os Miseráveis (Volume II)**
    Victor Hugo
55. **Dom Quixote de La Mancha (Volume I)**
    Miguel de Cervantes
56. **Dom Quixote de La Mancha (Volume II)**
    Miguel de Cervantes
58. **Contos Escolhidos**
    Artur Azevedo